グローバル化時代の人権のために
——哲学的考察

Human Rights in the Age of Globalization:
Philosophical Reflections

御子柴善之／舟場保之／寺田俊郎／共編

Sophia University Press
上智大学出版

目次

序　5

第一部　人権と人間の尊厳　9

第一章　人間の尊厳の媒体としての人権　寺田俊郎　11

「水平社宣言」から百年近く／「権利」という訳語／人権のプラグマティクな正当化／人権と人間の尊厳の関係／人権と世界市民の哲学

第二章　人間の尊厳と人権　マティアス・ルッツ＝バッハマン（浜野喬士 訳）　35

〈人間の尊厳〉の二つの次元／〈人間の尊厳〉原理に対する、カントの寄与／今日の議論に向けて

第二部　人権をめぐる法と道徳　51

第三章　人権は道徳的権利か　アンドレアス・ニーダーベルガー（中村信隆 訳）　53
人権の哲学的理論と既存の人権体制／人権の道徳的理論と修正主義の問題／人権のより包括的な概念とその不確定性の問題／人権のために哲学は何ができるか

第四章　道徳的権利ではなく、法理的権利としての人権について　舟場保之　93
道徳的自己承認と人権への権利／ヘッフェへの反論／ケーラーへの反論／アーペルによる批判とハーバーマスによるＥＵ論の射程

第五章　カントにおける法と強制　石田京子　121
動機としての強制／法の概念と矛盾律に従って結びついている強制／法と相互強制／法の概念の構成

目次

第三部　人権と政治　149

第六章　共和国、あるいは人間であるための空間
——カントの「甘い夢」とその影——　隠岐理貴　151
はじめに／「共和国」という「夢」？／「消し去ることができない不死の犯罪」／真理の試金石としての思考伝達の自由／公衆とともに見続ける夢／結びにかえて

第七章　カントと「改革」の問題　御子柴善之　177
はじめに／『宗教論』第一編における「革命」と「改革」／政治における「改革」の概念／適法性と道徳性との区別を再考する／政治における信頼の意義／おわりに

おわりに　205

事項索引／人名索引／書名索引

序

二〇一五年は、国際社会にとっても日本にとっても、人権問題を真剣に問い直す年となった。シリアなどの祖国を逃れた多くの難民が国境を越えてEUを目指す様子と、それにともなう数々の悲劇が報道されたからである。ドイツ連邦共和国の積極的な受け入れの姿勢が際立つ一方で、難民を受け入れるとして、どの程度受け入れるべきかをめぐってEU諸国の見解の相違がみられ、ドイツ国内でも論争が巻き起こった。日本では、これまでの難民受け入れ数のあまりの少なさが話題となった。法務省の発表によれば、同年には七五八六人という過去最多の申請数があったが、難民として認定されたのは二十七人にすぎない(注)。その背景として、就労目的の難民申請があるなどの問題が指摘されているが、他方で、外国人技能実習生制度で受け入れた外国人に過酷な労働環境を強いてきたのみならず、賃金不払いさえ起きている現実も浮かび上がった。こうした外国人の人権を侵害する労働基準関係法令違反は、厚生労働省の報道発表資料（二〇一五年九月三十日）で確認できるが、アメリカ合衆国国務省の「人身売買報告書」でも取り上げられて、波紋を呼んだ。

国際貢献には自己犠牲がともなう。では、人権を擁護するために、日本人はどのくらいの犠牲を払う準備があるだろうか。この国でこのような議論を耳にすることは、あまりない。このような状況に対して、「今、哲学者って何をしているの」という問いを発した人がいる。かつて、上智大学教授を経て国連高等弁務官を務めた緒方貞子氏である（二〇一五年九月二十四日掲載のインタヴュー記事、朝日新聞）。緒方氏は、情報ばかりが横溢する社会で、国家のあるべき姿を問えるような真の知識の探求を哲学者に期待しているように思われる。

私たちは本書で、「人権」概念を哲学的に問い直そうとしている。というのは、哲学の世界で人口に膾炙した近代批判とともに、人権を語ることが陳腐化しているかに見える一方で、グローバル化した世界では人権問題が深刻なかたちで提起されているからである。近代的人間観に脆弱性があることを認めてなお、その最良の部分として「人権」概念を再度練成すべきではないだろうか。このとき、人権を各主権国家の憲法体制に依存するものと考え、それを国境内にとどまらせている限り、今日的な諸問題に解決の糸口を見出すことは困難である。人権はグローバル化した世界の状況とともに問い直されるべきである。

そこで、本書は、人権について三つの側面から哲学的な議論を展開することを試みることにした。第一に、近代的人間観において、人権とともに最重要の概念である「人間の尊厳」概念を取り上げ、人権と人間の尊厳の関係を論じる。この両者は並列関係にあるのだろうか、それとも一方が他方を基礎づける関係にあるのだろうか。この問題にも関連して、「人権」概念を〈法と道徳〉という観点から見直し、その道徳的な性格と法的な性格を検討する。人権問題は私たちの道徳意識に深く突き刺さるものではあるが、人権をただ道徳の次元で考えるだけでは、人権問題の解決は望めそうにないからである。第三に、人権の実現・保障には社会制度が必要だが、それを法的に実現するための政治が人権そのものとどのような関係にあるかを論じる。これは広義の道徳と政治を関係づける可能性への問いでもある。

グローバル化時代の諸問題を論じ、あるべき世界秩序を論じる哲学的研究（倫理学的・政治哲学的・法哲学的研究）は、すでに枚挙にいとまがない。例えば、貧困や飢餓、武力紛争やテロリズム、地球環境劣化などのグローバルな問題に我々はどのように対処すべきか、という問題に、グローバル倫理やグローバル正義などの観点から取り組む試みが行われてきた。国際的な評価を得ている研究としては、トーマス・ポッゲ（立岩真也監訳）『なぜ遠くの貧しい人びとに対する責任があるのか』、ピーター・シンガー（山内友三郎／樫則章監訳）『グローバリゼーションの倫理学』、オノラ・オニール（神島裕子訳）『正義の境界』、デイヴィッド・ヘルド（中谷義一訳）『コスモポリタニズム――民主制の再構築』などが代表として挙げられるだろう。このような問題意識に基づく「人権」の哲学的研究も見られるようになってきた。マイケル・イグナティエフ（添谷育志／金田耕一訳）『人権の政治学』やハウケ・ブルンクホルスト他編著（御子柴善之／舟場保之監訳）『人権への権利』などである。本書は、このような研究の潮流のなかに位置づけられる。

本書の編者三人は、二〇〇一年九月十一日のテロ事件をきっかけとして、グローバル化時代を主題とする哲学的研究に携わるようになった。それは、グローバル倫理の研究から始まり、「責任」や「世界市民主義」の研究へと展開し、寺田俊郎／舟場保之編著『グローバル・エシックスを考える』や寺田俊郎／石川求編著『世界市民の哲学』などの著書、前出の『人権への権利』などの翻訳として結実した。その研究の途上で浮上してきた古くて新しい課題が「人権」の哲学的考察であり、この数年はそれに焦点をあてて研究を進めてきた。本書はその成果である。この研究はさらに「連帯」の哲学的考察へと進んでいくであろう。

各論文は独立して執筆されたものである。その点で、本書をお読みになる方は、どの章からでも読み始めていただくことができる。ぜひとも複数の章を読み比べていただき、哲学的に「人権」概念を問題にするための論点を把握し、ご自身が人権を哲学するための材料にしていただきたいと、編者三名は願っている。

編者　寺田俊郎
　　　舟場保之
　　　御子柴善之

（注）本書の校正中に二〇一六年の数字が明らかになった。申請者数は一〇九〇一人、認定者数は二十八人である。

第一部

人権と人間の尊厳

序

「世界人権宣言」を見てもわかるように、「人権」は「人間の尊厳」と深く関係していると一般に考えられている。だが、「人権」と「人間の尊厳」はどのように関係しているのだろうか。この問いに第一部の各章は答えようとする。第一章「人間の尊厳の媒体としての人権」は「人権は人間の尊厳を表現し伝達する媒体である」と答え、第二章「人間の尊厳と人権」は「人権は、人間の尊厳という原理に基づく法的 - 道徳的義務を定式化したものである」と答える。

第一章は、まず、日本語の「権利」という語が不適切な訳語であることを示し、「権利」が本来もっている「正しいこと」という意味に注意を促すとともに、それがやはりある種の「力」でもあることを指摘し、その「力」がどのようにして正当化されるかを問う。まず、人権は人間の行為主体性を擁護する政治的手段であり、その正当性はプラグマティクな説明に求められるべきで、「人間の尊厳」などのような道徳的ないし形而上学的な説明は避けるべきだ、というイグナティエフの主張を検討する。次に「人間の尊厳」概念の思想的淵源の一つ、カントの「尊厳」概念を参照し、その概念がイグナティエフの議論を根底で支えていることを指摘し、プラグマティクな正当化だけでは不十分であることを示す。

そこから、人権は人間の尊厳の媒体であり、その「媒体」には、人間が人間の尊厳に関する理解を深める学びの場を提供するという意味も含まれている、と論じる。

第二章は、まず、カントの「尊厳」概念を分析し、それが、自己を尊厳をもつ存在者として尊重するという対自的な道徳的義務と、他のあらゆる人間を自己と同等に尊厳をもつ存在者として尊重するという相互的な法的義務との、二つの次元をもつことを示す。それに基づいて、カントの「尊厳」という概念が、現代の生命倫理や憲法の諸問題をめぐる考察に貢献する点を三つ挙げる。第一に、カントが「人間の尊厳」に適切な定式を与えることによって、その曖昧さを克服する助力を与えていること、第二に、「人間の尊厳」は特定の存在論や自然論、宗教や神学を前提とするものではないことを示し、それが実践哲学に属する原理であることを明確にしていること、第三に、カントの「人間の尊厳」は道徳や法の哲学的基礎を与えることができ、不当な行為の格率や法の格率を精査する基準を与えることができること、である。このような理解に基づいて、生命倫理や憲法における現代の現実的な議論に一定の指針を与えることができることを示す。

第一章と第二章は、ともにカントの尊厳概念を論じ、人権の道徳的・哲学的な理論の積極的な意義を認めているものの、その積極的意義に関する理解は大きく異なっている。その相違は、考察を進める一番の手がかりになるだろう。

（寺田俊郎）

第一章　人間の尊厳の媒体としての人権

寺田俊郎

「水平社宣言」から百年近く

日本全国の被差別部落民に「団結せよ」と呼びかけ、「人の世に熱あれ、人間に光あれ」と結ばれる有名な「水平社宣言」（一九二二年）を読むとき、多くの人はこれが一つの人権宣言であることを認めるだろう。たしかに、この文書の中には「人権」という語も「権利」という語も見出されないが、それが訴えているのは、単に被差別者が不利益を被っていることや劣悪な生活環境を強いられていることではなく、被差別者が人間として扱われず、人間として正当に享受すべき何か（right）を不当にも奪われていることであり、それが求めているのは単なる利益の回復ではなく正義の回復である。しかも、この訴えには、特定の人々の特定の事情ではなく、人間の普遍的な原理に関わるものであるという自覚が窺われるが、それは、この宣言とともに発表された「綱領」の「人間性の原理」という表現によっていっそう明らかになる。そして、この文書を貫いているのは、何よりもまず人間の尊厳の感覚だと思われる。その感覚は、特に「人間の冒瀆」「人間の尊敬」などの表現に読み取られるが、この文書全体の基調をなすものでもある。「水平社宣言」の以上のような性格は、それから四半世紀後に発表された「世界人権宣言（Universal Declaration of Human Rights 人間の権利の普遍的宣言）」と軌を一にするものだと言えるだろう。

しかし、「水平社宣言」から百年近く、そして「世界人権宣言」から七十年近くを経た今日、「人権」という語はそれほどの重みをもっているだろうか。我々が日常生活で「人権」という語を目にし、耳にし、口にするとき、それほどの重みをともなっていないことが多いのではないだろうか。その最も皮肉な例は、人権尊重を呼びかける標語やポスターに散りばめられた「人権」という語である。現代の日本社会において「人権」という語は、しばしば、人間の尊厳とはおよそ無縁な、軽く虚ろな響きをもつことがある。もちろん、人権をめぐる言説のすべてが人権と人間の尊厳とを結びつけてきたわけではないが、本稿では、人権という概念と人間の尊厳という概念との本質的な関係に注目する。そして、その関係がどのようなものかを、人権をめぐる哲学的議論を参照しつつ考察し、人権という概念の意義が人間の尊厳の「媒体」であるところに存すると主張する。

「権利」という訳語

「権利」という語は、ヨーロッパ諸語の“right”（英）、„Recht“（独）、“droit”（仏）などの日本語訳としてすっかり定着しているが、この訳語がかならずしも適切なものでないことは、しばしば指摘される。[1]「権利」は、文字どおり解すれば「権力」と「利益」であり、元のヨーロッパの語が揃ってもっている「正しい」「正当」「正義」という意味が含まれていないのである。権利は、なるほどある種の力であり、その力は往々にして利益を守る。しかし、権利がそれに相応する力を発揮するのは、それが正当であるからに他ならない。同じことは“human rights”, „Menschenrechte“, “droits de l'homme”（「人間の権利」）の訳語である「人権」についても言われうる。もちろん、現代の我々が「権利」という語を使うとき、そこに「正当」という意味合いがないわけではない。「権利」という概念ないし観念は、単独で日本社会に導入されたものではなく、ヨーロッパの法体系とともに導入されたものであり、この語の用法や文脈によって元の含意が保たれているのは当然である。とはいえ、「権利」に「正当」という意味が含まれていなかったことが、この概念の理解を妨げてきたことは想像に難くない。

「権利」という訳語は、明治時代の比較的早い時期に、いわゆる啓蒙思想家たちが採用し、日本社会に広まった。もっとも、「権利」という訳語を案出したのは日本の啓蒙思想家ではなく、ヘンリー・

ウィートン（Henry Wheaton）の『万国公法（Elements of International Law）』（一八三六年）を漢語訳した、ウィリアム・マーティン（William Martin）であるという。[2] しかし、「権利」という語が通用するようになるまでには、いろいろな訳語が試みられた。それは、例えば、カーティス・ヘップバーン（ヘボン）の編集した英和辞典、『和英語林集成』によって確かめられる。一八六七年の初版では“RIGHT”の項は次のようになっている（原著はローマ字で表記されているが、ここでは漢字とひらがなに直して表記する）。「道理、道、理、善、はず、べき」[3]。「権利」という訳語はまだ見られず、むしろ「正当」を含意する語が当てられていることがわかる。しかし、すでに一八八六年の第三版に、「権利」という訳語が見られる。「道理、道、理、公義、公道、権、権利、義、善、筋、筋合い、はず、べき」[4]。「権利」という概念も、「自由」「個人」「民主主義」などの他のヨーロッパの諸概念と同様、翻訳が難しい語だったのである。

啓蒙思想家たちは最終的に「権利」という訳語を受容したが、その受容の仕方は異なる。例えば、西周、福澤諭吉、加藤弘之の三人を見てみよう。三人とも、若いころ儒学の素養を身につけ、やがて蘭学をはじめヨーロッパ諸学を学び、その学識を買われて徳川幕府の蛮書取調所に勤めるという、共通の経歴をもつ。そして、ヨーロッパ諸学を学ぶなかで「人権」の概念を受容し、少なくとも一時期は「天賦人権論」を信奉した点も共通である。しかし、人権をめぐる三人の理解は、その後大きく異なる展開を見せる。

西は、すでに『万国公法』（一八六八年）において「権」と「義」を対にして使い、その後「権利」

を用いるようになった。『万国公法』は西がオランダ留学中に聴講した講義の記録を翻訳したものである。それに対し、福澤は、『西洋事情』第二編（一八六九年）において、“right”という語の翻訳し難さを述べ、ヘップバーンの辞典初版に載っているのとほぼ同じ訳語に加えて「正直」「通義」「権」などの訳語を挙げている。(5) また、『学問のすすめ』第二編（一八七三年）においては「権理通義」「権理」などの訳語を当てている。「権」という語を用いながらも、「正当」という含意を意識していることが窺われる。事実、福澤は「権理」を次のように説明している。「貧富、強弱は人の有様にしてもとより同じかるべからず。しかるに今、富強の勢いをもって貧弱なるものへ無理を加えんとするは、有様の不同なるがゆえにとて他の権理を害するにあらずや」。(6) 富強という事実に基づく力である「勢」とは区別されるべき正当な力である「権」を主張しているのである。(7)

加藤の見解は、事実としての力である「勢」と正当な力である「権」とを直結させた点で、福澤の見解と対極的である。加藤は、当時日本に紹介され始めたばかりのダーウィニズムの影響のもと、『人権新説』（一八八二年）において天賦人権論と決別した。人間の世界も他の生物の世界同様「優勝劣敗」を原理とし、強者が弱者を凌駕し、支配する。(8) しかし、勝者となった最強者は、優勝劣敗が引き起こす害悪、例えば強者の弱者に対する横暴が社会を不安定にすることを防ぐために、弱者に人権を与える。(9) 人権は「天」によって賦与されるのではなく、最強者によって賦与される恩恵なのである。

このように個人差はあるが、明治時代の啓蒙思想家たちは「権利」という訳語を受容した――“right”とは「権力」と「利益」である。しかし、これは、まったくの誤解ではない。たしかに「正当」という含意は失われている。だが、“right”には、「貧弱者」が「富強者」の横暴に対して利益を守るための力という面がたしかにある。このような弱者を保護するための一種の力としての権利という理解は、現代世界においてもかなりの一般性をもつように思われる。問題は、権利に利益を守るための力という面があるとしても、その権利を正当化する根拠も力であり利益だということにはならない、というところにある。そこで問うべきは、権利を正当化する根拠、言い換えれば、権利の規範性の根拠である。福澤は、それを、強者の横暴が「道理」や「通義」に反していることそのことに求めているように思われる。そこから、事実としての力（「勢」）と正当な力（「権」）との区別も生じる。それに対して、加藤は、強者の横暴が社会にもたらす不安定という不利益から自身を守る力そのものに求めている。事実としての力と正当な力は同一視される。

この点で、プラトンの対話篇『ゴルギアス』において「正しいこと」をめぐって雄弁を振るうカリクレスの所論が、興味深い論点を提供してくれる[10]。カリクレスによれば、世間に通用している正しいことは、弱者が強者に対抗してみずからの利益を護るためにつくったものであり、人為的な規範（ノモス）にすぎない。本来の正しいことは、自然的な原理（ピュシス）であり、強者がその力に相応の利益を得るということである。しかし、本来的でない「正しいこと」を弱者のみならず強者も受け入れているのはなぜだろうか。二通りの答えが考えられる。一つは、力の論理を徹底して、多数派である弱者が数の力によって強者に認めざるをえなくしているから、というものである。もう一つは、弱者のみならず強者も、人為的な規範にある種の正当性を認めざるをえないから、というものである。

人権についても、同じことが言われうるであろう。

人権のプラグマティクな正当化

リチャード・ローティは、人権の正当化としては、現代世界において人権の文化が成立しており、その文化に属する人々がそれを肯定し促進する態度をもっていることで十分である、というプラグマティクな立場をとり、人権を哲学的議論によって基礎づけようとする基礎づけ主義の立場を批判している。人権の文化を促進するのは、人権を哲学的に基礎づけようとする理性的議論ではなく、人権を尊重する感情を呼び覚ますような物語である。例えば、人権を人間の尊厳によって基礎づけようとするカントの道徳哲学ではなく、アメリカ合衆国の黒人に対する白人の見方を現に変えた、ハリエット・ビーチャ・ストウの『アンクル・トムの小屋』のような作品こそ、必要なのである(11)。

人権の文化を促進するためには理性的な哲学的議論よりも、感情に訴える文芸作品やドキュメンタリー作品のほうが有効な場合が多いことは、事実だろう。また、人権の究極的基礎づけにこだわるあまり人権をめぐる懐疑論に陥ったり、あるいは、ある特定の形而上学的見解を人権の究極的基礎づけとみなして独断論に陥ったりすることは、たしかに避けるべきだろう。しかし、人権の正当性や基礎を明らかにするために、哲学的探究を試みることが無意味だとは思われない。人権が正当であることの究極的な根拠は示すことができないかもしれない。しかし、それをめぐる哲学的探究を通じて、我々は人権というものの理解を、より深く豊かなものに、そしてより説得力のあるものにしていくことができるのである。そして、そのような深く豊かな、より説得力のある人権の理解は、人権の文化を促進することにも貢献するはずである。

マイケル・イグナティエフは、『政治としての人権と偶像としての人権』（二〇〇一年）において、ローティと同じように、人権のプラグマティクな正当化を試みる。[12] しかし、その立場は単純ではない。イグナティエフは、人権が重要であるのは、それが人間の行為主体性（agency）を保護する政治的手段だからであり、その意味で人権は普遍的である、と論じる。「人権は権力のない人々の普遍的な利益を規定するがゆえに、つまり、権力は権力のない人々の自律を尊重するようなしかたで行使されなければならないということを規定するがゆえに、普遍的である」[13]。しかし、このように人権が政治的手段として重要であるにすぎないことを忘れて、それ以上の価値を認めるならば、人権をいわば偶像として崇拝することになる、と言う。

では、人間の行為主体性とはなにか。イグナティエフは、それを、ほぼ次のように説明する。[14] 人間は、目的をもち、自分自身の生を生きるために自由を行使する存在者である。この自由を、イグナティエフは消極的自由、つまり虐待、抑圧、残酷などからの自由と同一視し、人権を消極的自由の観点から規定する。消極的自由に焦点をあてるのは、人権にとっては善よりも正が重要だからである。どの個人も、不正を行わないかぎり、自分が善いとみなすものを追求してよいのである。このような行為主体性とその尊重という観念は、イグナティエフ自身が自覚しているように、ヨーロッパの個人主義的な自由主義の思想的伝統に属するものである。それは、例えば、イマヌエル・カントが「目的自体」としての人格は尊厳をもつ、と言うことによって、あるいは、ジョン・スチュアート・ミルが、個人の自由は絶対であり、それが制限されるのは他の人々に「危害」が及ぶ場合だけだ、と言うことによって、それぞれ表現しようと試みたことの核心だと言ってもよいだろう(15)。

しかし、イグナティエフは行為主体性に関する道徳的ないし形而上学的な議論を避け、あくまで人間の行為主体性が蔑ろにされ損なわれた二十世紀の経験に基づいて、それを保護する人権の普遍的価値を説明しようとする。人権を保護することは、すべての人が必要とし、すべての人にとって望ましいことであり、そのことを、我々は人類の歴史と個人の経験から知っているがゆえに、我々は人権を保護するのである。「なぜ人権があるのかについては意見が分かれるかもしれないが、人権が必要だということについては意見が一致しうる。人権に関する信念の基礎については論争があるが、人権の保護が必要であると信じるための思慮に基づく根拠ははるかに確実である(16)」。イグナティエフがこの点を強調するのは、現行の人権体制を道徳的多元主義と両立させることによって、それが広く受容されるようにするためである。例えば、人間の尊厳、自然法、神の創造の目的など、特定の道徳的ないし形而上学的な基礎づけを主張すれば、論争が巻き起こり、人権体制を弱体化することにつながりかねない、と言うのである。

人類が、二つの世界大戦をはじめとする二十世紀の悲惨な経験から多くを学び、その学びが人権体制を受容する強力な動機になったことは事実であり、また、その事実を再確認することは人権体制を強化するための効果的な政治的手段になるだろう。現代世界において、人権体制を促進するためには、このような具体的な経験と思慮によるほうが、抽象的な哲学的議論によるよりも、はるかに有効だろう。このようなプラグマティクな認識の重要性は認められるべきである。しかし、だからといって、人間の行為主体性を守るべき理由を、つまり、人権の規範性を、説明することがただちに不可能になったり不必要になったりするわけではない。そもそも、プラグマティクな認識のみによっては、人権は権力のない人々の自律を尊重することを擁護するがゆえに普遍的である、というイグナティエフ自身の主張を、正当化することはできないように思われるのである。イグナティエフも高度に道徳的ないし形而上学的な前提に依拠しているのではないか、と『政治としての人権と偶像としての人権』の編者であり緒言の執筆者であるエイミー・ガットマンは訝っているが、このことは最終的に本人も認めている。人間の行為主体性を守る人権という発想は、人間の尊厳に関する一つの考え方に依拠している。だが、その考え方はヨーロッパの伝統に属するものであり、文化相対的なものであるがゆえに、人権の基礎づけとして用いられるべきではない、とイグナティエフは考える。それに対し、ガットマンは、それはかならずしもヨーロッパの文化を特権化するものではなく、むしろ文化の多様性を擁護するものである、と考える。なぜなら、このような行為主体性の尊重の立場には、個々の人々が消極的自由の枠内でみずから選ぶ生き方を尊重することが含まれており、道徳的多元性を擁護する根拠ですらあるからである。(17)

人権と人間の尊厳の関係

そこで、カントの人間の尊厳および人権をめぐる見解を見よう。カントは、人間の尊厳（Würde des Menschen, Menschenwürde）と人間の権利とを直接結びつけて論じることはないが、カントの実践哲学を通してみれば、両者の関係をまさに行為主体性の尊重という観点から解釈することができると考えられる。

人間の尊厳[18]は『人倫の形而上学の基礎づけ』（一七八五年、以下『基礎づけ』と略記）において主題的に論じられる。カントによれば、理性的存在者である人間は物（Sache 物件）としてではなく人（Person 人格）として扱われなければならない、言い換えれば、人間は単なる手段としてではなく、つねに同時に目的として扱われなければならない。これを表現するのが、定言命法の公式の一つである。「君の人格の内なる人間性も他のすべての人格の内なる人間性も、つねに同時に、目的として扱い、決して単なる手段として扱わないように行為せよ[19]」。このような規範的含意を、カントの「目的自体」という概念はもっている。そして、「目的自体」としての人間たちは、他に強制されるのではなくみずから普遍的な道徳法則を立て、みずからそれに従うことによって、つまり「自律」によって、すべての人間が「目的自体」として相互に尊重しあう共同体を構成する[20]。この共同体をカントは「目的の国」と呼び、「目的の国」において人間は、単なる相対的価値としての「価格」ではなく、絶対的価値としての「尊厳」をもつ、と主張する。

さて、人格としての人間が「目的自体」であり尊厳をもつと言われるのはなぜか。まず、その理由が理性的な行為主体であることに存することは、カントの叙述から明らかである。しかし、カントの言う理性的な行為主体には、少なくとも二つの側面がある。一つは、自分自身の目的を立て、それを実現すべく行為する主体、つまり目的追求の主体であること、もう一つは、道徳法則をみずから立てみずから従って行為する主体、つまり道徳的自律の主体であることである。前者の行為主体の自由は、カントのいう「選択意志の自由」に相当し、後者の行為主体の自由は「自律」としての自由に相当すると言ってよいだろう。『基礎づけ』の叙述を一見したところでは、尊厳が認められるのはもっぱら後者の意味での行為主体であって、前者の意味での行為主体ではないように思われる。しかし、『基礎づけ』からほぼ二十年後に出版された『人倫の形而上学』（一七九七年）とそのあいだに公表された著作とを通じて、カントの実践哲学を統一的、整合的に理解しようとするとき、前者の意味での行為主体を無視することはできないように思われる。ここで詳論する余裕はないが、これら二つの側面を兼ね備えた理性的で自由な行為主体を、カントは「目的自体」とみなしていると解釈することができるし、またそうすべきである[21]。

そうすると、「目的自体」としての人間とは、自分自身の目的を立て、それを実現すべく行為する理性的で自由な主体であると同時に、他の人々も理性的で自由な主体として承認し尊重する自由をもつ行為主体である、ということになる。そのような理性的で自由な行為主体として、人間は等しく尊厳をもち、それゆえに尊重されるべきである。そして、人間を「目的自体」として尊重するということは、各々の人間を何らかの目的のための単なる手段として扱わないということであり、各々の人間を、自分自身の目的を追求する行為主体として尊重するということである。

さて、カントによれば、すべての人間が幸福を求めているが、幸福とは各人が追求するさまざまな目的が総体的に実現されることに他ならない。したがって、人間を「目的自体」として尊重するとは、自分自身の幸福を追求する主体として尊重するということでもあり、さらに言い換えれば、各人がその人自身の生き方をすることを尊重するということでもある。そうすると、人間の尊厳に反する行為とは、ある人が自分自身の幸福を追求する主体であり、その人自身の生き方をする主体であることを否定するような行為である。人間を単なる手段として扱うことはもちろん、心身に危害を加えることによってその人自身の幸福追求や生き方を妨げることもまた、それに当たるだろう。しかし、さらに、自分自身の幸福観に従って他人を幸福にしようとすることもまた、尊厳に反することになろう。カントが、他人の幸福を促進することが「徳の義務」の一つであることを論じる際に、何を幸福に数えるかは本人に任されるべきことを繰り返し強調し[22]、また国民の幸福のために父親顔で世話を焼く国家のパターナリズムを辛辣に批判することも、その線で理解することができる。「パターナリスティクな国家はおよそ考えうるかぎり最大の専制である[23]」。

まとめて言えば、理性的な行為主体が「目的自体」であり尊厳をもつということは、理性的な行為主体が自由な行為主体として尊重されるべきだということであり、それが道徳の基本原理である。しかし、それは道徳の基本原理であるにとどまらず、法の基本原理でもある。『人倫の形而上学』において、「自由（他人の強制する選択意志からの独立）は、人間性のゆえに各人に帰属する唯一の根源的で生得的な権利である」[24]と明言され、「法の普遍的法則」が次のように公式化されるとき、道徳と同じ基本的原理が根底に置かれていると考えられるのである。「君の選択意志の自由な行使が、普遍的法則に従って、あらゆる人の自由と両立しうるように外的に行為せよ」[25]。「人間性のゆえに」を「人間であるがゆえに」と読んで差支えないとすれば、「根源的な生得的権利」としての自由は根源的な人権だと言うことができるだろう。人権は人間の尊厳の法的な表現だということになる。

もちろん、法的義務と道徳的義務は異なる。その違いは、カントによれば、行為の動機が外的であるか内的であるかにある。[26]同じ正しい行為であっても、例えば法的制裁に対する恐れという外的動機に基づいて行えば法的義務を果たしたことになり、それが正しい行為だからという内的動機に基づいて行えば、道徳的義務を果たしたことになる。同じように、ある人の人権を侵害しないように行為するとき、法的制裁を恐れてそうするとすれば単に法的義務を果たしたことになり、その人の人権を尊重してそうするとすれば法的義務だけでなく道徳的義務をも果たしたことになる。したがって、法的義務を遂行する個々の行為主体が人間の尊厳を意識しているとは限らない。しかし、法的義務の基本原理は、道徳的義務の基本原理と同じ理性的行為主体の自由であり、人間の尊厳と関連しているのである。

「尊厳」は承認され尊重されるべきものという意味をすでに含んでおり、規範的な概念である。それは「目的自体」という表現にすでに示唆されている。人格としての人間の価値は何か他の価値によって規定される相対的なものではなく、それ自体において尊重されるべき絶対的なものである。そして、人間の尊厳という原理に基づく道徳法則を我々が知っていることは、カントによれば、「理性の事実」[27]であり、根源的な規範的事実であって、それ以上の根拠を見出すことはできない。人間の「根源的で生得的な権利」としての自由という概念も、このような人間の尊厳の根源的な規範性を表現するものと考えることができるだろう。

人格の尊厳の規範性はいわば「理性の事実」とでもいうべき根源的なものであるという見解は、カントの実践哲学の一つの到達点として受け止められるべきである。しかし、人格の尊厳の規範性については、さらに明らかにすべきことがあると考えられる。そこで有益な手掛かりとなるのが、スティーヴン・ダーウォルの「二人称的観点」に基づく「尊厳」の説明である。[28]ダーウォルによれば「二人称的観点」とは「あなたと私が、互いの行動や意志に対する要求を行い、それを認めるときにとるパースペクティヴ」[29]である。すべての人間は、互いに権利主張や要求を行いあう地位または権威をもち、そうすることによって互いに責任を負いあう。ある人が他の人に要求を行うとき、その要求が正当なものであれば、その人は相手に行為の理由を与えることになり、相手はそれに応える責任を負うのである。自由で理性的な行為主体は最初からこのような「二人称的観点」によって構成される関係を生きており、その「二人称的権威」に基づく「二人称的関係」の中でのみ、道徳的な義務や権利などの規範的概念は理解されうる。人間の尊厳の概念もまた、互いに要求を行いあう「二人称的権威」を尊重することを要求するものとして、「二人称的関係」の中で理解されうる。[30]「二人称的観点」は規範性の根源であるが、それ自体は他のものに還元不可能であり、さらなる根拠を示すことはできない。人間の尊厳の規範性は、その他の道徳的概念の規範性とともに、「二人称的関係」によって構成される自由で理性的な行為主体の世界の「事実」なのである。[31]

人権は、どのような行為が人間の尊厳に適い、また反するかを明確に規定することによって、人間の尊厳を具体的に表現するものと理解されうる。したがって、人権は、人間の行為主体性を擁護し、悲惨な経験を避けるための単なる手段ではない。たしかに、人権は、まさに人間の尊厳に適う行為と反する行為に明確な一般的規定を与えることによって、人間の尊厳を擁護するための手段になる。そして、人間の尊厳を擁護するための法的・政治的制度としての人権体制が形成される動機として、二つの世界大戦をはじめとする人類の悲惨な経験が大きな役割を演じたことは、イグナティエフの言うとおりである。しかし、以上から明らかであるように、そのようなプラグマティクな説明だけでは、人権の意義を汲み尽くすことはできない。

そこで、人権は、単に人間の尊厳を擁護するための手段ではなく、それを表現し伝達するいわば「媒体」でもある、と主張したい。まず、人権の概念を用いて人間の尊厳に明確な表現が与えられるとき、人権は人間の尊厳を表現し伝達する「媒体」になっている。そして、ある人の人権が侵害されたとき、被害者および被害者に連帯する人々が、権利を主張し権利の回復を求めるならば、単に人権侵害による不利益の解消が求められるだけではなく、同時に被害者の尊厳があらためて表現され伝達されることになるのである。

このように人権が人間の尊厳の媒体であるとすると、それ自体が独立して価値をもつわけではない。にもかかわらず人権それ自体に価値があるものと誤認するとすれば、人権と人間の尊厳との関係を見失い、人権の本来の意義を忘れることになる。これこそ、イグナティエフの言う「偶像崇拝」である。

人権と世界市民の哲学

イグナティエフが、以上のような人権の道徳的ないし形而上学的正当化を避けたのは、それが人権をめぐる異論と論争を巻き起こし、人権体制を弱体化させる恐れがあるからだった。これに対して、『政治としての人権と偶像としての人権』の緒言で、ガットマンが興味深い反論を展開している。第一に、我々は人権に関する複数の基礎づけを認めるべきであり、第二に、人権をめぐる異論と論争は有益である。「人々が理性的に異論を唱え続けるとき、人々は――迫害ではなく――熟議に従事し論議することから互いに利益を得るが、このことも人権によって可能になる(32)」。実は、イグナティエフも、人権をめぐって異なる立場に立つ人々のあいだで共同の熟議が行われることの重要性を認めている。そして、ガットマンは、道徳的ないし形而上学的論争をそのような熟議の一部とみなすことを提案し、異なる立場の人々のあいだで熟議が成立するためには、互いに寛容であるだけでなく、尊敬しあうことが必要である、と言う。

形而上学的論争の積極的意義を認めるガットマンの主張は、脱形而上学の言説に慣れた現代の哲学研究者の耳には奇異に響くかもしれない。しかし、これは極めて重要な主張ではないだろうか。「形而上学的論争」と言えば誤解を招くとすれば、「哲学的探究」と言い直してもよい。我々は、人権に関する相異なる見解をもっていたとしても、共有することのできる人権の理解が得られるという希望をもって、熟議に、そして熟議の中核をなす哲学的探究に、参加することができる。そして、たとえそのような人権の理解が容易に得られなくても、そのような熟議を行うことには意味がある。なぜなら、それを通じて、より深く、より豊かで、より説得力のある人権の理解に到達することができるからである。同じことは、人権が媒介する人間の尊厳の概念についても言うことができる。人間の尊厳とは何であり、それが尊重されるべきであるのはなぜであるかについては、さまざまな見解がある。そして、それに応じて、何をすれば人間の尊厳を尊重することになり、何をすれば毀損することになるのかについても、見解が分かれる。そこで、人間の尊厳をめぐる共同の熟議ないし哲学的探究が求められる。すべての人々が共有することのできる尊厳の理解は容易に得られなくても、より深く、より豊かで、より説得力のある尊厳の理解を期待することができる。

しかし、人間の尊厳と人権とをめぐる熟議がそもそも可能になるためには、人間の尊厳と人権とがすでにある程度認められていることが必要である。互いに異論を唱えあうことが迫害ではなく熟議を通じて互いに学びあうことになるのを可能にするのも、ガットマンが指摘するとおり、人権であり、相互尊敬である。そして、前節で見たカントやダーウォルの人間の尊厳と人権の概念は、その最も基本的な条件を表現するものであると言える。つまり、自由な理性的行為主体として互いに承認しあい尊重しあうべきだということである。しかし、人間の尊厳や人権を説明する概念としては「目的自体」や「二人称的観点」がすべてであるわけではないし、その規範性を根拠づける概念として「理性の事実」や「二人称的権威」を用いなければならないわけでもない。それらの説明や根拠づけはそうした熟議に参加する形而上学的ないし哲学的見解の一つにすぎないのである。

このような人間の尊厳と人権とをめぐる哲学的探究としての熟議にたいへん近い発想が、カントの哲学にも見られる。「世界市民の哲学」という発想である。(33) カントの元の表現は「世界市民的な意味での哲学」(34) だが、ここでは便宜上「世界市民の哲学」としよう。「世界市民の哲学」は、「学校概念による哲学」と対比されて「世界概念による哲学」とも呼ばれる。「学校概念」の哲学と「世界概念」の哲学は、『純粋理性批判』(一七八一・八七年)「超越論的方法論」において次のように論じられる。「学校概念」の哲学は、学術としてのみ求められ、知識が矛盾なく一つの理論的体系をなしていることだけを目的とするのに対して、「世界概念」とは「あらゆる人々が必然的に関心を抱くものに関わるような概念」であり、「世界概念」の哲学は「あらゆる認識と人間理性の本質的な諸目的との連関についての学」(35) である。つまり、「世界概念」の哲学は、人間が理性をもっているかぎり関心をもたずにはいられず、目的とせざるをえない事柄に関する哲学的探究なのである。そして、「学校概念」の哲学に携わるのは哲学研究の専門家であるのに対して、「世界概念」の哲学に携わるのは理性をもつすべての人々である。この「世界概念」の哲学は、おのずから、哲学をめぐるカント独自の思想に結びつく。「……理性の学のうち学ばれうるのは数学だけであって、哲学（それが歴史的なものでないかぎり）を学ぶことはできない、せいぜい哲学することを学ぶことができるだけだ」[36]。哲学というものは世界概念の哲学であるかぎり、他の人から教えてもらうことはできず、各人がみずから理性を行使して理性認識の原理に遡って考えることによってしか学ばれえないのである。

さて、「人間理性の本質的な諸目的」のうちカントが「究極目的」とするのは道徳（Moralität 道徳性）あるいは「道徳的世界（moralische Welt）」である。「道徳的世界」とは、前節で見たカントの所論に即して言えば、すべての人々が互いに尊厳を認めあう、つまり互いに自由で理性的な行為主体として尊敬しあう世界である、と言うこともできるだろう。カントは、各国内にも、各国間にも、法の原理に従った市民体制（法治体制）が樹立されることによって、あらゆる人々の自由が共存する世界が成立すべきだと考え、そのような世界体制のことを世界市民体制と呼ぶ。しかし、そのような法的・政治的な世界だけでは理性的な存在者としての人間には不十分なのであって、さらにその世界は、道徳的な世界にもならなければならないのである。

この議論を人権に当てはめて、次のように言うことができるだろう。人権が単に法的・政治的に擁護されるだけでは、道徳的世界は達成されず、各人が人権を人間の尊厳の表現として理解し、そのゆえに人権を擁護してはじめて、達成される、と。法的・政治的制度としての人権体制が発展することは人間の尊厳が尊重されるために必要なことであるが、それだけでは人権という政治的手段が目的とする当のこと、つまり人間の尊厳が尊重される世界としての道徳的世界を実現するに十分ではないのである。その究極目的としての道徳的世界への道は、哲学の専門家や他の学術分野の専門家に教えてもらうことはできず、各人が理性を行使しながら、世界市民としてみずから歩むしかない。言い換えれば、各人が、人間の尊厳と人権をめぐる熟議ないし哲学的探究に参加し、人間の尊厳とは何であり、どのように行為すればそれを尊重あるいは毀損することになるのかを、考えるしかない。人権は、それを可能にし、促進する媒体であり、それ以下でもなければそれ以上でもないのである。

＊本稿は第六回および第七回日独倫理学コロキウム（二〇一二年八月二十四日および二〇一三年八月二十一日、ドイツ連邦共和国ボン）で行った研究発表（"Human Rights as a Medium of Dignity of Persons", "Institution of Human Rights and Morality of Cosmopolites"）を基にしてなったものである。

【注】
（1）例えば、柳父章『翻訳語成立事情』岩波新書、一九八二年、笹澤豊『〈権利〉の選択』勁草書房、一九九三年。
（2）柳父章、前掲書、一六三頁。
（3）同書、一五五頁。
（4）同書、一五七頁。
（5）同書、一五三～一五四頁。
（6）福澤諭吉『学問のすすめ』第二編、永井道雄（編）『日本の名著』三三、中央公論社、一九八四年。
（7）西も「権利」のこの側面を見逃しているわけではない。笹澤豊、前掲書、三三一頁。

（8）加藤弘之『人権新説』第一章、植手通有（編）『日本の名著』三四、中央公論社、一九八四年。
（9）同書、第二章。
（10）プラトン『ゴルギアス』（藤澤令夫訳）四八三c～四八四d。
（11）リチャード・ローティ「人権、理性、感情」、スティーヴン・シュート、スーザン・ハリー（編）『人権について』（中島吉弘、松田まゆみ訳）みすず書房、一九九八年。
（12）Amy Gutmann (ed.), *Human Rights as Politics and Idolatry*, Princeton UP, 2001. 本書には以下の優れた日本語訳があるが、本稿での引用はすべて拙訳による。エイミー・ガットマン（編）『人権の政治学』（添谷育志、金田耕一訳）風行社、二〇〇六年。
（13）Ignatieff, *Op. Cit.*, p. 68.
（14）*Op. Cit.*, p. 57.
（15）ミルは功利主義者であり、自由の価値すら幸福の価値によって基礎づけようとする。この点で、自由の根源的価値を主張するカントとは立場を異にする。また、ミルはもっぱら選択の自由を問題にしているように思われるが、カントは選択の自由と道徳的行為の自由を区別して論じ、後者を重視している。この点でも、両者の自由論は異なる。しかし、実践的な意味での自由に関する両者の所論は、意外なほど類似している。このことについては、以下の拙論で論じた。「なぜカントは功利主義者ではありえなかったのか」『明治学院大学リベラル・アーツ論叢』創刊号、二〇〇五年。
（16）*Op. Cit.*, p. 55.
（17）ここでは、積極的自由と消極的自由の区別にまつわるさまざまな問題、例えば、積極的自由だと思われるが行為主体性の保護と切り離せない生存への自由をどう考えるか、などの問題は措くことにする。
（18）現代の応用倫理学における人間の尊厳という概念およびその歴史の概観として、以下の文献を参照されたい。この中でシュテッカーとノイホイザーは、キケローの「尊厳（dignitas）」概念にまで遡って尊厳概念の歴史を概観したうえで、それが特別な地位・身分に基づくものから個人に基づくものへと転換した過程を示し、「普遍的な高貴さ（universal nobility）」としての人間の尊厳という考え方を提案している。Ralf Stoecker & Christian Neuhäuser, "Human dignity as universal nobility", M. Düwell, et. al. (eds), *The Cambridge Handbook of Human Dignity: Interdisciplinary Perspectives*, Cambridge University Press, 2014, 298-309.

（19）『基礎づけ』四二九頁。以下、カントの著作から引用は、『純粋理性批判』については第二版（B版）の頁付で、その他についてはプロイセン・アカデミー版の頁付で示す。訳文は拙訳による。訳出にあたって既存の諸訳を参照した。

（20）『基礎づけ』四三三～四三五頁。

（21）この点については、すでにいくつかの機会に論じた。例えば、拙論「カント実践哲学における『自律』と『自由』」カント研究会編『自由と行為』晃洋書房、一九九七年、「カントと自己決定の問題」カント研究会編『自我の探求』晃洋書房、二〇〇一年。

（22）『人倫の形而上学』三八八、三九三頁。

（23）『理論と実践』二九〇頁。

（24）『人倫の形而上学』二三七頁。

（25）同書、二三一頁。

（26）同書、二一八～二二一頁。カントは多くの義務が動機によって法的義務とも道徳的義務ともみなされるとするが、内的動機しか許さず道徳的義務としかみなされない義務があるとし、それを「徳の義務」と呼ぶ。つまり、法的強制になじまない義務があるということである。

（27）『実践理性批判』三一頁。

（28）Stephen Darwall, *The Second-person Standpoint*, Harvard UP, 2006.
（29）*Op. Cit.*, p. 3.
（30）ダーウォルの「二人称的権威」という発想の主な源泉は、ヨハン・ゴットリープ・フィヒテの「促し〔Aufforderung〕」という概念と、ピーター・フレデリック・ストローソンの「反応的態度〔reactive attitudes〕」という概念である。
（31）ダーウォルはこのような立場からカントのいう「理性の事実」をも理解しようと試みる。
（32）Amy Gutmann, "Introduction", in: Gutmann, *Op. Cit.* p. xxiv.
（33）「世界概念の哲学」については、次の拙著で論じたことがある。石川求・寺田俊郎（編）『世界市民の哲学』晃洋書房、二〇一二年。
（34）『論理学』二五頁。
（35）『純粋理性批判』八六六頁。
（36）同書、八六五頁。

第二章　人間の尊厳と人権（1）

マティアス・ルッツ＝バッハマン
（浜野喬士　訳）

人間には自然の秩序のうちにおいて、他の生きものたちとは区別されるような特別な地位が与えられているという考えは、なにも啓蒙の哲学の発見というわけではない。すでに古代〔の思想〕は、理性が付与されているということのうちに、人間の特別な地位の基礎があるという見方をしている。キケローは、このように人間に理性が付与されているということこそが、他のあらゆる生きとし生けるものに対する人間の「優位」、あるいは人間の「尊厳〔Würde〕」（ラテン語　dignitas）を基礎づけると考えている。こうした見解を押し進めていくなかで、中世および近代初期に入ると、理性を備えていることと意志の自由とを基礎にして、人間は「神の似姿性」であるという考えが語られるようになる。この似姿性が、神の創造の秩序全体のなかで、人間の「尊厳」――賜物としての、すなわち生まれながらにもたされた贈与物としての、そして同時に人倫的な課題としての――を特徴づけるのである。カントの哲学においてはじめて、私たちは次のような〈人間の尊厳〉構想と出会う。すなわち、〈人間の尊厳〉を、倫理学にとっても法理論にとっても、等しく重要な規範的原理として捉えるという構想である。

この論考では、まず第一節で、カントに代表されるような〈人間の尊厳〉構想について、その構想にとって体系上、主導的な役割を果たしている諸理念から概観してみたい。続いて第二節で、ここで示されるカント哲学の貢献に基づいたどのような洞察が、体系的に重要な意義をもつかという問題を議論する。さらに第三節で、これらの洞察から、生命倫理や憲法をめぐる今日の論争にとっても、重要ないくつかの結論を引き出すことができるだろう。

〈人間の尊厳〉の二つの次元

カントが、一七八五年に公刊された最初の倫理学的著作である『人倫の形而上学の基礎づけ』において提示している「尊厳」概念の定義は、一般によく知られたものであり、哲学のみならず法学においても頻繁に引用されている。「目的の国において、あらゆるものは、価格をもつか、尊厳をもつかである。価格をもつものは、なにか別のものを等価物として、その代わりにおくことができるものである。しかしこれに対して、一切の価格を超えたもの、したがっていかなる等価物も許さないものは、尊厳をもつ(2)」。こうしてカントは尊厳を一般的に、単なる相対的な価値ならざるものとして、むしろ、

「そのもとでのみ、なにかあるものが、目的自体そのものでありうる[3]」ような「条件」たるべき「内在的価値」として定義づける。さて、カントにとっては、それを前提とすることで理性的存在者が「目的自体そのもの」となりうるようなものは、道徳性だけである。したがって、彼にとって「尊厳」を有すると言えるのは、人倫性へ向けての能力を備えた人類［人間性］だけである。すなわち、自分の実践理性によって人倫性を実現する能力をもつ一人ひとりの人間は、その人が人類に帰属していることに基づいて、一切の価格を超えているのである。

カントによれば、実践理性を備えていることのうちに基礎をもつ人間の自律が、言い換えれば、人倫的主体の自己立法能力が、「人間およびあらゆる理性的本性がもつ尊厳の根拠[4]」である。こうしたことは、定言命法の有名な三番目の方式、すなわち憲法学ではいわゆる「客体の定式」として受容されてきた、「君の人格ならびにあらゆる他の人格における人間性をつねに、同時に目的として用い、決して単に手段として用いぬように行為せよ[5]」と一致する。

カントのこうした定式化は、哲学の限定された専門的文化の外でも、ある程度周知のものとして受け入れられている。それにもかかわらず、他方でそうした議論の際に、カントがこれらの定式化に基づいて、彼の展開する道徳論および法論の体系的な構成内部でどのような結論を引き出しているのかという点については、あまり注意が払われていない。一七九七年に刊行された『人倫の形而上学』の「徳論」からはっきりと読み取れることだが、カントは同書において人間の尊厳を、伝統とは異なり、もはや第一義的に一種の優位や卓越、特権とはせず、むしろあらゆる人間が自分自身と同時に他のあらゆる人間に対して負う、厳密な意味での規範的な義務づけとして把握している。こうした意味でカントは、「［…］しかし、人格として見られた人間、すなわち道徳的－実践的理性の主体として見られた人間は、あらゆる価格を超えている」(6)と書いている。というのは、道徳的－実践的理性が、人格として見られた人間に、いかなる観点においても手段を見ることがないよう、私たちに命じているからである。すなわち、人格として見られた人間は、他の人間が追求する諸目的のための手段とみなされてはならず、また自分が設定した目的を追求するにあたって、自分自身をその目的のための単なる手段にまで引き下げることも許されないのである。むしろ人格として見られた人間は、必然的に、つねに自己目的として尊重されねばならない。カントによれば、こうしたことが、人間が規範的な尊厳を備えていることを認めよという命令の核心をなしていることになる。

カントにとって、こうした意味であらゆる人間は、当人が他の一切の人間に対して尊敬を払う責務を負っているのと同様に、他のすべての人間からの承認と尊敬を要求するような「尊厳（絶対的内在的価値）」を「所有する」。「彼の人格のなかの人間性は、彼が他のあらゆる人間から要求することができる尊敬の客体である」(7)。同時に実践理性は、これとは逆方向のかたちで、他のあらゆる人間をも、自由かつ同等の存在者として無条件に尊重せよ、ということを私たちに要求する。この要請には、あらゆる人間は他の人間をその尊厳において無条件に承認せよ、ということだけでなく、人間は自分自身の「尊厳をもまた、決して否認することなく、むしろつねに自身の道徳的素質の崇高性の意識（これは徳の概念のうちにすでに含まれている）をもって」行為せよ、という要求が含まれている。さらにカントは次のように付け加える。「こうした自己尊重は、人間の自分自身に対する義務である」。この義務づけは人間に対して他律的に定められているのではなく、人間の自律的で実践的な理性使用から生じるものである。したがって、〈人間の尊厳〉は、自分自身に対する義務としては、高次の道徳原理を表現するが、他方、他のすべての人に対する義務としては、高次の法原理を表現することになる。

カントの練り上げられ円熟した〈人間の尊厳〉論は、このように倫理にとっても法にとっても同様に革新的なポテンシャルをもつものであるが、理論理性や悟性の見地から論拠を示そうしているわけではなく、また自然や社会的なものの存在論からそれを行っているのでもない。論証は、実践理性の見地から行われている。この見地のうちで、自由に行為する存在者としての人間の自己経験が表現される。この自由に行為する存在者は、自分の（そして他人の）行為を正当化する諸根拠を、自分自身に（そして他人に）対して問い尋ねる。いったいどうしてあらゆる人間は、カントに従えば、内在的価値ないし尊厳を有するのか、と。というのは、自分の理性的な洞察の諸根拠に基づいて行為しうる者だけが、カント的には、「自己目的」を表現する存在者として示されうるからである。一方で人間の尊厳は、人間の本性のうちに、すなわち自由に行為し実践的に理性を使用するための権能を備えた存在者という本性のうちに、基礎を置いている。私たちはこのことを、意志作用と行為を視野に入れた理性使用に至る、すべての人間に特有な素質として示すこともできる。他方、人間に特有な尊厳は、背後遡行不可能な原理であり、道徳的に義務を課する原理である。こうした原理は、倫理学と法論が明らかにするものであるわけだが、これが可視化されるのは、人間の行為という文脈を待ってのことである。これはさらに詳しく見れば、次の二つの仕方で生じる。すなわち、一つは、尊厳ある存在者としての人間が自分を人倫性と自己尊重へと義務づけているという認識において生じる。このとき、尊厳は、自分の行為を正当化する諸根拠すなわち理性的な諸根拠を問い尋ねるあらゆる行為主体において明瞭に認めることができる。人間は、自分の実践理性の自律的な諸規則に聴き従うことを通じてのみ、みずからの主体的な自由を正当に扱うことができるのである。

さて、もう一つは、各々の人間が、他のあらゆる人間を自分と等しい自由な存在者として尊重する、という義務づけを認識することにおいて生じる。この洞察は、他の人間と共同で、間主観的な自由を実現するという目的のために、外的規則に従うという義務づけへと導く。この外的規則を、カントは「法」と定義する。カントは「法とは、そのもとである者の選択意志が、自由の普遍的法則に従い、他の者の選択意志と一致しうるような諸条件の総体である(8)」と書いている。法に関してカントが要求するのは、それが、人間の外的自由を人間たちの間主観的な行為において維持できるよう、必然的に強制力を備えていることだが(9)、同時に他方で、法が、それが関わる一切の者の「統一された意志(10)」に基づいて実現しなくてはならない、としている。カントは「法」の体系を、あらゆる人間にとり生得的で根源的な、あらゆる人間のもつ外的自由への権利、すなわち、この外的自由が「他の各人の自由と、普遍的法則に従って共存し得る限り(11)」、他のあらゆる人間の選択意志から独立していることができる、という権利に関係づけている。カントにとり、この生得的な自由権は、間主観的な自由としてのみ現実化可能である。そしてこの自由権は、一切の人間が等しい仕方で相互に独立しているという意味での、すべての法的主体の〔生得的な自由権と〕同様の〔生得的平等[12]〕を前提とする。この独立性は、誰も他人の意志に従属させられてはならない、というかたちで示される。周知のようにカントは、彼が要求する理性法を、民主主義的な法体系というかたちで、共和主義的に綴っていくわけだが、その際彼は、国内法の体系のうちにとどまることなく、全人類を包含するような国際平和法および世界市民法を構想するのである[13]。

　次のように要約できるだろう。すなわち、人間を人間として、すなわち人類の成員として見るなかで、言い換えれば、人間を自由への権能をもち、自分の理性による洞察に基づいて道徳性と法的諸関係へ向けて義務を負う存在者と見るなかで、カントが請求する「尊厳」は、二つの次元を含んでいる。まず、自分自身に対する人倫的義務であり、これを詳細にまとめ上げていくことがカントにとっては道徳論の一つの課題となる。次に、人間が相互行為をしているすべての他人に対する法的‐道徳的義務があり、そしてこの義務を詳述していくことは法の理説の担当領域に属する。

　こうして倫理学と法理論は、二つの異なる義務を解明するために、〈人間の尊厳〉という原理へと戻っていく。もっともこの二つの異なる義務は、それにもかかわらず、一つの人倫的な類的存在としての人間という構想のもとで結合され、実践理性の使用に向けた自然的素質のうちに、みずからの根拠を有する。その際、同時に、生命倫理や憲法の諸問題をめぐる議論に対して実際の重要性をもつのは次のことである。すなわちカントは、政治的共同体がその成員に対し、場合によっては強制手段を使ってでも貫徹することができる無条件的な法義務のうちに、「人間存在の完成の諸条件」や「良き生」ではなく、人間に対して「人間となること、人間であること[14]」をはじめて可能にするような「初期条件」だけを数え入れている、ということである。私たちの法体系においては、第一世代の人権と基本権が、特にこの課題を担うことになる。こうした人権や基本権は基本的に消極的防禦権として定式化され、保証や履行に関する実定法というかたちをとらない。

〈人間の尊厳〉原理に対する、カントの寄与

さて、こうしたカントの実践哲学が果たした寄与から、したがって彼の道徳哲学および法論から、〈人間の尊厳〉原理の意義に関する私たちの議論に対し、どのような帰結が導かれるだろうか。私はまず、生命倫理および憲法規範に関する議論を進めるうえで中心的な三つの視点を挙げておきたい。

（一）カントの諸考察は、〈人間の尊厳〉という術語を言語として使用する局面においてすでに、価値ある貢献をしている。それは、哲学史上この概念の使用を特徴づけ、今日に至るまでそれに付随してきた、意味上の多義性を克服する助けとなるということである。私は、こうした多義性〔曖昧さ〕の一例として、少なからぬ数の法学書の著者たちが、ドイツ基本法の第一条第一項の解釈が必要になると、当惑を示してきたことを挙げたい。人間の尊厳を、「解釈を受けないテーゼ[15]」とする、テオドール・ホイスの有名な文言や、あるいは、「人間の尊厳」という術語を、国家法の観点から望まれた「空

虚な定式」[16]であるとするエアハルト・デニンガーの主張は、この術語の意味が言語的‐意味論的水準において問題含みの多義性と不明瞭性をもっていることに由来している。しかし、カントの議論を交えることにより、こうした帰結は回避可能である。すなわち、少なからぬ数の公的な議論において、〈人間の尊厳〉原則のインフレ化が見られており、それはめいめいの勝手な関心や意図の正当化のために、この術語を乱用することにも一役買ってしまっているのは明らかだが、そうしたインフレ化を退けることにもなるだろう。また、カントの用いる意味を踏まえ意味論上の精密化を進めることにより、尊厳を、人間の単なる優位な位置づけといった意味で捉える理解や、曲解してこれを種差別的な先入見という意味でとる理解、あるいは単に主観的な選好という意味で押さえる理解も、退けることができるだろう。

（二）〈人間の尊厳〉という主題を、学問領域という点で整理する局面においても、カントの果たした貢献は今日まで大きなものがある。なぜならカントにおいては、〈人間の尊厳〉概念が、実践哲学による反省や基礎づけの脈絡に属すること、そしてそれは特定の存在論や自然論といったものを前提にせず、また、記述的に構想された自然や社会的なものの理論から導出されたわけでもないこと、が明らかにわかるからである。〈人間の尊厳〉概念は、自然と人間に関して、いかなる宗教的な基礎をもつ想定も、神学的公理学も前提にしない。しかし人間の尊厳は、［前提ではなく］受け入れられてきている神学的公理学について、これを根本的に排除するということはない。したがって人間の尊厳は、宗教や文化を横断するかたちでも統合的に機能することが可能である。実践哲学の原理として捉えられた場合、カントの人間の尊厳の構想は、同時に、還元主義的ではない手続きを踏む現代の行為論や社会理論とも、また現代的な法理論とも結びつけることが可能である。もっとも、時代の制約を受けた、精神の自然主義的理論を想定しているという点では、カントの理論は、他の倫理学や法理論と変わらない論証状況にあるのだが。

（三）結局、自律的な倫理学と、間主観的な自由の優位の上に打ち立てられた法理論との、双方の規範的原理として〈人間の尊厳〉を基礎づけるにあたり、カントの貢献は、体系的な観点からも説得的かつ頼りになるものだということが明らかになる。〈人間の尊厳〉原則が、道徳哲学および法論のための根本洞察と根本要求を定式化するような、実践哲学の原理ないし公理と捉えられる場合、この原則は以下のような二重の機能をもつ。第一に、この原則は、私たちがカントにおいて確認することができたように、自由の要求および自己目的の要求の無条件的妥当性を提示するなかで、道徳や法の哲学的理論のための基礎を解明する。第二に、この〈人間の尊厳〉原則は、次のような精査の基準を与える。すなわち、私たちはそれによって、いかなる倫理的格率も法的格率も積極的に演繹しえないものの、しかし、どのような行為の格率あるいは法の格率が、実践理性の定める命令と矛盾するかを消極的に確定できるような精査の基準である。〈人間の尊厳〉原理のこのような第二の機能は、理性の規則——行為の規則が人倫的ないし法的に正当なものであるべき場合、それと矛盾してはならないような規則——として働くという機能である。今日の議論において解明が待たれている生命倫理および憲法上の諸問題も、〈人間の尊厳〉原理のこうした第二の機能の光のもとで公的に議論され、そして理性的な決定へと導かれうるだろう。もっともこうしたことは、〈人間の尊厳〉原理が、どのような善の比較衡量も帰結の比較衡量も免れた状態にあること、そしてその意味において、この原理には、「無条件に」行為に関わる妥当性、すなわち実践的妥当性が認められうることを前提にしている。

今日の議論に向けて

〈人間の尊厳〉原則がもつ、こうした公理的ないし原理論的地位に注意を払わない者は、実践的諸帰結――そのいくつかは重大なものである――とのあいだで、解決不可能な論理的矛盾に巻き込まれることになる。そうした論証の一例を示しているのが、ベルンハルト・シュリンクの議論である。彼は、『シュピーゲル』誌に寄せた論考[17]のなかで、〈人間の尊厳〉は、もしそれが、例えば生命の保護のような他の諸々の善との「比較衡量の論理」のなかに組み入れられないなら、「過大に要求されている」ことになると述べた。この議論から明らかになるのは、カントにとっては重要な以下の区別が、この著者によく知られていないということである。すなわち、無条件的要請という意味での実践的第一原理と、それ以外の実践的諸要求ないし諸格率との区別である。後者は、第一原理から実質を備えたかたちで演繹可能なわけではない。それでも、それが第一原理と矛盾することは許されない。少なくともこのシュリンクは次のことを捉えそこなっている。彼自身が、拷問の全面的禁止を停止するような場合の例を挙げているが、そのような場合に比較衡量されているのは、シュリンクが考えているような「誘拐される者［子ども］の尊厳」と、「誘拐する者の尊厳」なのではなく、むしろ、双方がもっている、国家権力に対する人間の消極的防御権としての、生命および不可侵性［傷つけられないこと］に対する権利なのである。しかし、一方の〈人間の尊厳〉原理、そして他方の基本法の消極的防御権、この両者の差異を取り入れつつも、この二つの次元を混同すること、これが実際のところシュリンクが犯している誤りなのである。こうしたやり方は、生命倫理において議論されている諸問題に際しても、混乱を招くことになるだろう。そしてこの混乱は、本稿が提示したカントの諸洞察によってのみ回避可能――少なくともその手がかりにはなるという意味で――である。

最上位の法原理としての〈人間の尊厳〉原理に関して、説得力を欠いた取り扱いを行っているもう一つの事例が、非常に注目を集めているマティアス・ヘルデーゲンの基本法コンメンタールに見出される(18)。彼はたしかに一方では、〈人間の尊厳〉の保障に最上位の地位を認めている。その根拠は、〈人間の尊厳〉の保障が「憲法の基本権部門の先頭に置かれ（中略）、〈人間の尊厳〉条項と人権を認めることとが連続的関係をもっている(19)」というその位置づけにある。しかし他方で、彼は、尊厳原則が後続する各条項で規定される諸基本法に対して「絶対的な優勢(20)」を有しているという見方を拒否する。そして、「尊厳から帰結する尊重要求を、状況に結びつけられた形で具体化する(21)」という意味で、「尊厳要求の様式と程度」を「細分化」することを求めている。〈人間の尊厳〉原則の機能に関する、こうした重大な解釈は、彼が〈人間の尊厳〉を、個々の具体的事例において競合する諸々の基本権と比較衡量されねばならないような、一つの主観的基本権であると解釈することに由来する帰結である。

こうした解釈をするにあたって、同時にヘルデーゲンは、カントが確立した〈人間の尊厳〉の原理としての地位を流動化させてしまう。[22]こうした議論が行きつくのは、無条件の拷問禁止を基礎づけるためには〈人間の尊厳〉原則が必要だ、という要求そのものの、見紛うことなき相対化である。[23]また彼の議論は、尊厳要求を様態的および量的に比較衡量することで、「精神的、身体的に障害を有する者にとって（中略）尊厳基準は高く設定されている」[24]といった主張や、あるいは胚の尊厳要求の相対化という主張にも行きつく。ヘルデーゲンは、この後者のテーゼに対しては、胚の尊厳の保護を、その身体的発達の状態に依拠させることを提唱している。こうした考え方は、試験管で作られた胚のような事例の場合、そうした胚には、着床に成功した後の胚とは異なる尊厳が認められるようになるべきだ、といった考えに行きつくことになる。[25]

ヘルデーゲンは彼の議論を進めるにあたり、ベルンハルト・シュリンクと同様のカテゴリーミステイクを犯している。〈人間の尊厳〉原則を、実践的第一公理、あるいは無条件的に妥当する倫理学および法論の原理と解する観点からすると、いかなる様態的あるいは量的な修正も本来の道から外れるものとなる。すべての人間の自由と平等の諸原則を定式化する〈人間の尊厳〉原理は、諸々の基本権に先行する。すなわち、〈人間の尊厳〉原理は、諸々の基本権に対して基礎づけ理論的には根拠として存しているのである。もし〈人間の尊厳〉原理が制限を受けたり、状況のなかで他の諸々の善と比較衡量を受けたりするなら、この原理は、第一に、その基礎づけ的地位を失い、第二に、個々の行為規則や格率が認められるものかどうかを判定するための消極的基準という重要な機能を失う。人間の尊厳が「不可侵」なのは、尊厳が様態的にも目的においても、量的にも質的にも比較衡量されえず、また制限もされえない場合のみである。ただ、人権あるいは基本権について、さらに言明を重ねていくことについても、これと同じ比較衡量の禁止が適用されるというわけではない。むしろ、これらの諸権利の性格には、次のことが含まれている。万人に対する、とりわけ国家権力に対する無条件的な不作為要求は、人権や基本権に固有なものだが、状況に依存した積極的保障への要求、あるいは、すべての人間を実定法的に義務づけるような積極的保障への要求は、これらの権利に固有なものではない。

こうした意味で、〈人間の尊厳〉のうちで消極的生存権が基礎づけられている、ということができるだろう。この消極的生存権は、他の人間の生存権を侵害することを、無条件に妥当する仕方で禁止する、というかたちをとる。しかしそこから、一人の人間の生命をいかなる犠牲を払ってでも維持せよ、という積極的な命令が帰結するわけはない。また、無条件的な「生命への権利」、すなわち他者の生存権がその際に侵害されようとも、他者に対し、強制をもって貫徹されねばならないような権利が帰結するわけでもない。一方で、上述の消極的生存権は、「試験管のなかで」作成された人間にも認定されねばならない。しかし、この消極的生存権から、「移植権」といったものが導出できるわけではない。こうした生命保護の基本権を念頭に置いた法的倫理的な比較衡量は、これまで挙げてきたような根拠に基づくなら、「〈人間の尊厳〉原理」の比較衡量と取り違えられてはならないのである。

【注】

（1）本稿は〔別の論考の〕再録であるが、わたしはこれをミヒャ・ブルムリク〔Micha Brumlik〕に献じる。彼とわたしを結びつけているのは、イマヌエル・カントの伝統に掉さす、〈人間の尊厳〉および人権をめぐる諸議論である。本稿は「倫理と法の関係―人間の尊厳への回帰〔Das Verhältnis von Ethik und Recht: Der Rekurs auf die Menschenwürde〕」として、下記に収められている。G. Frank/A. Hallacker/S. Lalla (Hg.), *Erzählende Vernunft*, Berlin 2006. S. 367-374.〔原文では、各節の表題は掲げられていない。掲げられた表題は、読者の便宜を図り、翻訳に際して編者が付したものである。〕

（2）Kant, *Grundlegung zur Metaphysik der Sitten*〔『人倫の形而上学の基礎づけ』〕, BA 77.〔IV 434〕〔原文は出典箇所を、ヴァイシェーデル版の頁数（BA）で示している。以下、その頁数に並んで、アカデミー版の巻数と頁数を記す。〕

（3）Ebd., BA 78.〔IV 435〕

（4）Ebd., BA 79.〔IV 436〕

（5）Ebd., BA 66 f.〔IV 429〕

（6）Kant, *Metaphysik der Sitten*〔『人倫の形而上学』〕「徳論〔Tugendlehre〕」§ 11, A 93.〔VI 434〕

（7）Ebd., A 94.〔VI 435〕

（8）Kant, *Metaphysik der Sitten*,「法論〔Rechtslehre〕」§ B, A 33 B 34.〔VI 230〕

（9）Ebd., § 8, AB 35.〔VI 235-6〕

（10）Ebd., § 46, A 165 B 195.〔VI 314〕

（11）Ebd., Einteilung der Rechtslehre「法論の区分」, AB 45.〔VI 237〕

(12) Ebd.〔VI 237〕

(13) Matthias Lutz-Bachmann/James Bohman, *Frieden durch Recht. Kants Friedensidee und das Problem einer neuen Weltordnung,* Frankfurt 1996.

(14) Otfried Höffe, „Menschenwürde als ethisches Prinzip", in: Ders./Ludger Honnefelder/Josef Isensee/Paul Kirchhof (Hg.), *Gentechnik und Menschenwürde,* Köln 2002, S. 133.

(15) Vgl. Doemming/Füsslein/Matz, *Entstehungsgeschichte der Artikel des Grundgesetzes,* Tübingen 1951, S. 49.

(16) Erhard Denninger, *Staatsrecht. Einführung in die Grundprobleme des Verfassungsrechts der Bundesrepublik Deutschland,* Reinbek 1973, S. 26.

(17) Der Spiegel, Ausgabe Nr. 51 vom 15.12.2003.

(18) Matthias Herdegen, in: Maunz/Düring, *Grundgesetzkommentar,* Lfg. 44, 2005.

(19) Ebd., S. 12.

(20) Ebd., S. 15.

(21) Ebd., S. 19.

(22) Vgl. hierzu ebd., u.a. S. 18.

(23) Vgl. hierzu ebd., S. 28, S. 31, S. 33.

(24) Ebd., S. 36.

(25) Vgl. ebd., S. 40-43.

第二部 人権をめぐる法と道徳

序

人権をめぐる問題圏において、人権を根拠づけることが可能であるかどうかは、最も重要な問題であるかどうかは別として、重要な問題のうちの一つであることに間違いはないだろう。しかもこの問いに対しては肯定的な回答が与えられる必要がある。このことは、ヴォルフガング・R・ケーラーが論じるように、「人権が妥当性をもつ根拠をもたないとするなら、なぜ私は人権を考慮に入れるべきなのか」という問いを提起する独裁者のことを想像してみるだけで、十分に理解可能であるだろう。言うまでもなく、人権が妥当性をもつ根拠をもたないとしたら、誰も人権を考慮に入れる必要はなくなるので、恐るべきはひとり独裁者だけではないことになる。独裁者と一般の人々が大きく異なっているのは、その行使できる実力の大きさにすぎない。

では、人権をどのように根拠づけるのか。道徳的に根拠づけるのか、倫理的に根拠づけるのか、法的に根拠づけるのか、歴史的に根拠づけるのか、政治的に根拠づけるのか。あるいはそれら以外の方法で根拠づけるのか。この問いは、人権が道徳的権利なのか、倫理的権利なのか、法的権利なのか、歴史的権利なのか、政治的権利なのか、あるいはそれら以外の権利なのかを問うことでもある。ところで、これらのうちこれまで人権に関する哲学的理論においては、主として、人権を道徳的権利と捉えるか、それとも法的権利と捉えるか、したがって人権を道徳的に根拠づけるか、それとも法的に根拠づけるか、ということが争点とされてきた。本章においても、「人権は道徳的権利か」では、人権を道徳的権利と理解し道徳的に根拠づけようとするアプローチが、アクチュアルな具体例を豊富に踏まえたうえで検討され、法的 - 政治的権利としての人権理解との対質が図られる。「道徳的権利ではなく、法理的権利としての人権について」では、カント解釈を手がかりとして、人権を道徳的権利ではなく法的権利として理解する方向性が明確に示され、人権を法的に根拠づけることが孕む問題に対してはハーバーマスの議論を用いて解決が導かれる。「カントにおける法と強制」では、そもそもなぜ人権を法的権利として理解し、法的に根拠づける議論が説得力をもちうるのかという問いに対する回答が、カントの法論に立ち返り、法と強制の原理的な関係を動機ではなく義務づけの観点から明らかにすることによって、示される。

（舟場保之）

第三章　人権は道徳的権利か

アンドレアス・ニーダーベルガー
（中村信隆　訳）

人権の哲学的理論と既存の人権体制

人権の哲学的理論の大半は、一九四五年以降に人権が次第に政治的・法的に承認されるようになったことにともなって人類は大きく進歩したと想定している。しかし同時に、人権を保障しようとする制度や法律、手続きは、規範的に望ましいあるいは必要な基準にまだ達していないとも考えている。世界では飢餓が起こり、ジェノサイドが公然と行われ、「テロとの戦い」のなかで拷問が復活し、そして自国民を爆撃するような独裁者の出現を防げないでいる。これらは、人権が侵害され、既存の人権体制が機能していない、あるいは拡充が必要である状況の例である。どのような状況が人権侵害の事例となるのかについて、曖昧さを排した解釈が行われるようにする必要があり（例えば、ルワンダでフツ族がツチ族に対してジェノサイドを行っている状況で、国連の安全保障理事会は「ジェノサイド」と「ジェノサイド的行為」という言葉を用語として使い分けたが、このようなことが行われないように(1)、また、人権侵害の問題に取り組み、人権侵害に対してどう対処するのかを決定するための手続きを設ける必要があり、また、人権侵害を防ぐための、そして防げなかった場合に被害を補償するための対策を行う責任が誰にあるのか明確化する必要がある。そのためには既存の人権体制では不十分なのである。

既存の人権体制に見られるこれらの主要な欠陥を目の当たりにして、人権の哲学的理論は、政治的・法的に確立された人権を再構成することや、これらの人権が効力をもつのが正当である理由を説明することに自分の仕事を制限するわけにはいかないし、制限したいとも思わない(2)。むしろ人権の哲学的理論は、人権の基礎あるいは人権を保護する機構を求める。これによって、一方で、もっともな理由あるいはおそらく必然的ですらある理由に基づいて人権が効力をもつようになる。他方で、人権が先ほど述べたような状況にも適用され、拡張されることが保障され、その結果、人権というもの自体が動機づけの力をもつようになり、人権を守る責任を我々に課すことになるのであって、しかもこの責任は、特定の政治的・法的体制の枠を超えて課せられるのである(3)。

人権の哲学的理論は、ここ七十年のあいだに確立されて今現在も存在している政治的・法的制度に関連する。だが同時にそれを超えてもいる。なぜなら、この理論の狙いは人権の基礎を見つけることにあるからであり、この基礎に準拠することで、現にある制度が人権を保護するために機能しうるかどうかを精査することが可能になるからである。[4] この見解に従って言えば、一定の権利が偶然的な歴史的・政治的発展のなかで「妥協」の結果認められることはあっても、人権の妥当性がそのような偶然的な発展から生まれたり導き出されたりすることはありえない。[5] むしろ人権は、どのような事実的な政治的体制よりも基本的なものである。国家や他の政治的制度および組織は、人権を侵害したり、人権を十分に保護し保障することができなかったりすることがあるが、人権はそのような場合に、その国家や政治的制度および組織に対してさえ権利要求を行う権威を与えるのである。人権に関するこのような見解から、次の二つのものが本質的に異なっているということが導き出される。一つは、政治的・法的な人権体制と、国際法や政治学の領域におけるそれぞれの人権理論であり、もう一つは、人権の哲学的理論である。[6] 政治的・法的な理論の場合、人権はしばしば、義務を負うのは国家であり国際機関は諸国家に依存しているという狭いパースペクティヴから理解される。これはまた、人間の共存と国際秩序を可能にするうえで独立国家が重要な役割を担っている――このことは、国際法の第一の主体として国家がもつ事実上の重要性に基づいている[7]――という地平の枠内で人権が理解される、ということでもある。このようなアプローチとは異なり、哲学的理論は国家の権利には制限があることを強調する。[8] このような方向性で考えた場合、哲学的理論は正統性に関する理論へと変貌し、この理論によれば、人権は、政治的・法的な秩序全般の正統なあり方がどういうものなのかを探求することを可能にする手掛かりになる。しかしまたこの理論は人権の射程を広げ、国際組織や非政府組織といった国家以外の集合的行為主体も、人権を保護する義務をもち、同時に人権を侵害する力も有する存在なのだと論じる。そして最終的にこの理論は、個々人の責任に目を向けるが、この個々人の責任は、国家やそのほかの政治制度を言い訳にして逃れることがおそらくはできないものである。

人権の道徳的理論と修正主義の問題

人権の哲学的理論はどれもこのように二つの目的をもっている。一つは、人権を保護するための既存の保障制度とメカニズムを再構成するという目的であり、もう一つは、人権の新しい基礎、あるいは拡張された基礎を展開するという目的である。この点でこれらの理論は共通点をもっているのだが、それにもかかわらずそれぞれの理論がとるアプローチには大きな違いもある。一つの重要な違いは、これら二つの目的への重点の置き方の違いから生まれる。第一のタイプのアプローチは、人権に関して可能な限り強力な正当化を探し求め、それゆえ人権のための道徳的基礎を展開する。そのような基礎を打ち立てることによって、人権が普遍的で無制約的な妥当性をもつことを示すと考えられる。このような妥当性をもつということは、場所や時代にかかわらずあらゆる人間が人権をもっており、そして原則として人権を、人権に敵対的な政治的、法的あるいは社会的条件によって制限することはできない、ということである。このアプローチは、そのような「道徳的」基礎を探し求めるのであるが、それはそのような基礎のみが人権と人間性そのものとを結びつけると想定されるからである。人権の政治理論、法理論、社会理論は、人権を、政治や法や社会が機能するための条件に依存するもの、あるいは特殊な歴史的状況に依存するものと考えるが、このような考え方に、第一のアプローチは反対する。よって、「道徳的基礎」と言うときの「道徳」という言葉によって強調されているのは、最も基本的なレベルでの人間による人間同士の規範的な義務と要求であると理解できる。たしかに、これらの義務と要求を実現することができるのは、ただ政治組織によってのみであるかもしれないが、だからといってこのようなかたちで実現することそれ自体が、これらの義務や要求が妥当性をもつための条件になるわけではない[9]。むしろ人権は、法的権利や安全保障、あるいはそれに類した権限として、社会や国家の内部で実現されなければならない、と理解すべきである[10]。このように理解した場合、人権は、これらの義務と要求の基本的内容を超える、さらなる義務をともなう。それは、人権を保護する制度を設立し維持するという義務である。このような議論に従えば、拷問を受けない権利をある人がもつということが意味するのは、単に、その人を拷問してはならないという義務が我々に課せられているということだけではない。同時に、その人を第三者が拷問することを防ぐ義務、あるいはその人を第三者が拷問することを防ぐ能力のある警察組織や司法制度を設立する義務も課せられているのである。

　このアプローチは、人権は道徳的に基礎づけられた義務と要求であると解釈し、この義務と要求は、一方では個人間で行われる基本的な相互行為に関わり、もう一方では人権を保護する制度や体制の設立に関わると解釈する。人権のこのような解釈はしばしば、人権を道徳的権利と考える理論のうちに見出すことができる。そしてこの道徳的権利は、単なる特にしっかりと正当化された道徳的要求なのではなく、それ以上のものを意味する。[11] 例えばヘンリー・シューは、『基本的権利』という重要な著作のなかで、道徳的権利を次のように定義している。

道徳的権利は、（1）次のような正当な要求の合理的基礎を提供するものであって、その要求とは、（2）権利内容を実際に享受できるように、（3）その権利への標準的な脅威に抗して社会的に保障せよという要求である。[12]

この定義に従うと、道徳的権利には三つの側面があることになる。第一に、道徳的権利は道徳的正当化に依存している。[13] 第二に、道徳的権利は問題となっている善や権利あるいは「利益（interest）」を実際に実現することを目指す。[14] そして第三に、道徳的権利は単なる権限ではありえず、社会的な体制や制度によって保障される権利でなければならないのであって、権利保持者はこのような体制や制度を通して、自分の利益が実現されることをかなり確実に期待することができるのである。よって道徳的権利は単に、当の利益が実現されるように要求する権限を誰かに付与するだけではない。道徳的権利はまた、権利者が本当にその利益を享受することができるように保障もするのである。他方で道徳的権利は、ある人の要求にその相手や第三者が応えるよう、あるいはそれに反しないよう強制する権威を与える。道徳的権利は、当の利益を、その権利保持者が他人の善意に頼らずとも享受できるように保障する制度的ないし社会的体制に対する要求なのである。[15] したがって、人権を道徳的権利と考えるこのような理論によれば、人には二重の権限が授けられることになる。つまり第一に、何らかの善に対する権限が授けられ、第二に、この善が実際に与えられるように保障する体制に対する権限が授けられる。

もしこの第一の権限がいかなる状況でも実現されなければならないのだとしたら、第二の権限を実現させることは難しくなるだろう。なぜなら、起こりうるあらゆる権利侵害を全面的に防ぐことができるような制度や社会的条件を構想することは困難だからである。(16) 殺されない権利という比較的単純な権利の場合ですら、想定可能ないかなる状況でも殺人行為が行われないように請け負うことができる「警察」を制度や体制によって実現することはできないだろう。それゆえシューは、第二の権限を、脅威があると一般的に認められる状況に限定し、そのような状況においてのみ保護を提供する義務があるとする。

以上述べたようなアプローチは、次のような考えを退けるために道徳に訴える。それは、政治や社会が機能し維持されるためには、必要とあれば人権を制限してもよいという考えである。人権が道徳的性格をもつと考えるからこそ、政治や社会が機能するための条件を理由に人権の適用を相対化することを防ぐことができる。人権の道徳的基礎が追求するのは、次の三つのことを達成すると考えられる人権の根拠である。第一にこの根拠は、政治的秩序の存在を正統化するために必要な基礎を特定しなければならない。人が共通の社会的ないし政治的体制――これはかならず一部の人や制度に相当な権力を授けることになる――のもとに入ることが理に適っていると言えるのはどのような理由によるのか、どのような条件のもとでなのか、こういったことに人権は説明を与えることができると考えられる[17]。このことはまた次のことも意味する。つまり、もしこの秩序が、今述べた条件を保障することがもはやできないのであれば、各人はもはやその秩序を受け入れる（合理的）理由をもたないことになり、その条件つまり自分たちの基本的権利要求を保障することができる別の秩序を求めることができるのである[18]。しかしながら、人権の道徳的理論は、このような政治的秩序の基礎と、その秩序を構成すると想定される前提条件を我々に想起させてくれるだけではない。第二にこの道徳的理論は次のことも強調する。つまり、人権の保障者を、単一の国家の枠内で設置することも、単一の国家を超えた体制や組織において設置することも、両方とも許容されるし必要でもある、ということである。この人権の保障者となるのは憲法裁判所であり、これによって司法が、道徳的権利を侵害するような決定を否認する、それも、たとえその決定が完全に民主主義的な手続きに則って下されたものだったとしても、否認することが可能になるのである。しかし、この憲法裁判所とは別の行為主体も、これと同じような裁量の権能をもつことができる。それは例えば政府の行政部門や立法部門である[19]。これらのタイプの制度のおかげで、当の秩序が、正統性をもつための最も根本的で不可欠な諸条件を確実に満たすことが可能になる。たとえ新たな脅威にさらされていたり、リソースが不足していたり、行動のための新たな機会が十分に得られなかったりしたとしても、可能になるのである[20]。

このような種類の人権の哲学的理論は、人権の基礎を見つけ出し、正統な政府が維持されるための条件を明らかにすることを目指している。このような目標をもつ以上、人権の哲学的理論は、正義やもっと一般的に言えば正統性に関するリベラリズムのもしくはリバタリアニズムの理論――これらは自分の理論を規範的な個人主義に基づく説明とみなす――と密接に結びつくことが多い。しかし人権の道徳的理論のなかには、このような目標以外に、政治全般に対する従来のパースペクティヴを変えることを意図して、もう一つ別の目標を追求しているものもある。すなわち第三に、この道徳的理論はこう論じようとする。我々は、最も基本的な道徳的要求に関しては、その要求に応じる責任を他人に委ねることはできない、と。道徳的な義務と道徳的な要求を問題とする限りでは、一人ひとりが皆、確実にこの義務が遂行され権限が実現されるようにする責任をもつ。それも、特にこの義務の遂行と権限の実現を保障することを任務とする手続きや制度や秩序とは無関係に、そうする責任をもつのである(21)。もし政府や国際組織がジェノサイドを防ぐことに失敗したり、飢餓を根絶することに失敗したりした場合に、〔ジェノサイドや飢餓が放置されることは〕道徳的な罪なのであって、これは、このような事態に対処する義務が（単に）政府や国際組織にだけ課せられているのではなく、あらゆる人に課せられているということでもある(22)。このようなアプローチに従えば、人権理論は、誰が責任をもつのかを明確にし、深刻な人権侵害が起きた場合に何の行動もしないことに反対する、という目的をもつことになる。

人権に関する道徳的理論はどれも、人権の基礎を特定してそれについて説得力のある説明を与えるという大きな課題を抱えている(23)。この課題は、この理論が人権を道徳的権利として理解するアプローチに従って先に述べた三つの目標を追求するのであれば、特に大きくなる(24)。それゆえ目指される人権の基礎は、基本的にどのような場合にも（単に行為主体が当事者になっている場合だけではなく）次のような権限を行為主体に与える。それは、人権を保護し守らせるために行動する権限であり、その際、直接に〔自分自身で〕人権を保護しようとしてもよいし、人権を保護する力をもった制度を確立することで人権を保護しようとしてもよいのであって、このような行動の結果、第三者の重要な利益までもが影響を被ることになったとしても、それは構わないのである。(25) もしあらゆる個人がジェノサイドを防ぐ義務を負っているのであれば、〔ジェノサイドが起きているあるいは起きそうな〕特定の状況に介入する権威を安全保障理事会が与えてくれるのを待つ必要はなくなる。安全保障理事会でも、その道徳的義務を遂行しそこなうことがある。このようなときには、安全保障理事会が義務を果たせそうにないことに気付いた人は、自分自身でその状況に介入する権威をもつ、それどころか介入することを要請される、ということになる。もしあらゆる人が、拷問をしない義務をもち、さらに拷問を防ぐ義務をもっているのだとすれば、拷問を実行している警察や秘密機関に対して納税によって資金を提供する義務など我々がもつはずがない。たとえその結果、警察の機能が完全に停止してしまうとしても、である。(26) そして、飢餓に陥ることなく自分の生命を維持するのに必要な物資を利用できるという人権が存在すると考える理論は、しばしばその帰結としてこう主張する。なお飢餓に苦しんでいる人が存在する限り、我々は皆、自分の財産を差し出す義務を負っており、それどころか飢餓を世界中でなくすために他人の財産を取り上げる権威をもつのだ、と。(27)

道徳的信念の核心部分はグローバルに共有されている、あるいは少なくとも共有されることが可能であるということを、真剣に否定する人はあまりいない。道徳の原理の最も根本的な部分では、人々の意見は一致する。特に、道徳の原理を適用する際に原理同士の衝突をどのように処理するのかを決定する原理に関しては、意見が一致する。(28)しかしそれでもなお、人権に関する道徳的理論は、体系上の二つの倫理学的問題に直面する。第一に、「道徳的権利」という概念そのものが、次のような場合には理解し難いものとなる。それは、シューが主張しているように、この概念が特にしっかりと正当化された権限に当てはまるだけでなく、手続きや制度あるいは社会的条件の設置に対する権利要求にも当てはまる場合である。そのような制度や社会的条件は必然的に次のように要請する。すなわち、市民が行動する際にも制度が働く際にも、導きの指針となるのはもはや道徳ではなく、むしろ公法あるいは「社会的条件」でなければならないと要請する。この要請については、カントがすでに『人倫の形而上学』「法論」において、私法の状態を去り公法の状態に移行すべき理由が何なのか、この移行は何を含意するのかということを論じながら非常に明確に示している。(29)そしてこの要請自体が、我々が正統な法的システムないし社会のなかで暮らしているという前提条件に依存しているかもしれないのであって、だからこそ人権はきちんと守られるのである。しかしこれは逆に言えば、公的秩序に従うことなしには、人権を保護する正統な行動がとられることはない、ということである。もしこれが本当ならば、公的秩序の存在と維持を可能にするための条件が必然的に考慮に入れられなければならないということになり、道徳的に動機づけられた行動が、正統性に反する、あるいは少なくとも正統性を欠くことになるかもしれないというリスクがある場合には、なおさらそうなるのである。(30)

このことはシューの立論のなかに明確に現れている。もし生存の道徳的権利というものがあるのだとしたら、この権利を守るための要件を満たすことができるのは、ただ次の場合だけである。それは、自分の生存のために必要な物資をすべての人がもっている場合（これはつまり、「必要な物資を実際に享受する」という第二の条件が満たされる場合、ということである）、そしてこの物資を利用することを誰にも邪魔されないと皆が少なくとも確信できる場合（これはつまり、標準的な脅威から権利を保護するための社会的な保障があるという第三の条件が満たされる場合、ということである）である。[31] シューは、権利保持者の地位に関するジョエル・ファインバーグの分析を参照しながら、次のように指摘している。この第三の条件は、裕福な人が困窮した人を利他的に援助することが日常となっている博愛主義的な社会のなかでは満たされることはない。むしろ、権利をもっているということが意味するのは、相手がどのような動機をもっていようと、場合によっては相手に逆らい相手の動機に反していようと、その権利を相手に対して主張することができる、ということである。それゆえ道徳的権利が、権利保持者の同意なしにある行為を正統化することができる、と考えることはできなくなる。[32] そしてだからこそ、共通の政治的・法的体制に入ることが第一の義務となる。よって、安全保障理事会の承諾がないときでさえジェノサイドを防ぐための一種の権限が与えられていると主張することは困難である。我々は次のいずれかの仕方で考えるしかない。つまり、ジェノサイドから保護されるる権利がある――そしてこのことは、そのような標準的な脅威にさらされた状況にある人々を保護するための体制と手続きが存在することを意味する――と考えるか、そうでなければ、道徳的に動機づけられた行為主体が、ジェノサイドから人々を保護すると考えるしかない。後者の場合では、権利が問題となっているわけではない。なぜなら、保護される人々は、自分たちを保護してくれる人々に依存することなく自分の権利を主張することはできないからである。このような場合、ジェノサイドから人々を保護している人はその人々の「道徳的権利」に基づいて行為している、と言うとしたら、それは何を意味しているのだろうか。それが意味しているのはせいぜい、この人はその人々のしっかりと正当化された道徳的権限に基づいて行為している、ということくらいだろう(33)。

それに加えて、道徳的権利という概念については次のような問題が生じる。つまり、間主観的な手続きに依拠しておらず、よってそのような間主観的な手続きのための前提条件が満たされているとすでに想定しているような、要求と権限の道徳的正当化を我々は与えることができるのかどうか、という問題である。これについては二つの選択肢がある。一つ目の選択肢は、間主観的な正当化手続きは、基本的な人権がすでに保障されているときにのみ、「始まる」ことができると主張することである。この場合、人権はそのような正当化手続きよりももっと根本的なものである（これは、人権については別途異なる仕方で正当化する必要があるということである）。二つ目の選択肢は、この正当化手続きの前提条件となるものが、少なくとも次のような場合には人権を保障し守らせることに制限を設ける、と考えることであって、それは、当の人権が道徳的に妥当なものであることに同意しない第三者の利益と活動領域が問題となる場合である。いずれにせよ、人権の哲学的理論が掲げる目標が、倫理学をめぐるある手続き的説明を拒否することを要請しないかどうか、それも、このような手続き的説明が人権理論の掲げる目標の一部を追求できなくさせるだろうからという理由だけで、このような手続き的説明を拒否することを要請しないかどうか、分析しなければならない[34]。

しかし、たとえ道徳的権利という概念を矛盾のない概念として展開することに成功し、さらなる手続きや政治的・法的体制の妥当性にもはや依存することなく、一連の人権を正当化することに成功したとしても、このような種類の人権理論には第二の問題がともなう。この人権理論にはまだ明確化されるべき点が残っているのであって、このことこそが、私が思うに、この人権理論が人権に関する説得力のある理論であると考えるべきではない大きな理由なのである。この人権理論は、現在の政治的・法的な人権体制が人権として確立したすべての（あるいは少なくとも大半の）権利要求をまさに人権として説明し正当化することができないのであって、このような意味でこの人権理論は、修正主義的なのである[35]。この人権の哲学的理論は、人権を「再発明」しようとしている、という印象を与えてしまうかもしれない（そして人権が「哲学的権利」であると多くの哲学者は想定しているのではないか、と疑う人さえいる）。その結果としてこの理論は、この世界ですでに人権として認められている権利の一部にしか妥当性を要求しないという印象を与えてしまうかもしれない。一九四五年以降、人権に関してさまざまな宣言が発せられさまざまな規約が結ばれたが、これらは現在の人権政策の基礎であり、裁判所や人権機関の決定や勧告の基礎であり、また政治に関する多くの議論の基礎となっている。これらの宣言と規約のうちに含まれているのは、殺されない権利や拷問されない権利、言論の自由や結社の自由に対する権限といったもの——これらは、近代初期の革命の中核を成した古典的な自由であって、ときに「自然権」とみなされたものである——だけではない(36)。そこにはもっと多くの権利が含まれているのである。加えて、さまざまな人権規約のうちには、いま述べた権利をもっと具体的に規定したものが含まれている。そして最後に、さまざまな規約のうちには、道徳的基礎に基づいているのかどうか不明瞭な権利も含まれており、それは権利を保障する手続きや体制を要請する権利である。例えば、これらの規約には単に教育への一般的な権利が含まれているだけではなく、初等教育を受ける自由への権利要求や、成績に応じて中等教育や大学教育を受ける自由への権利要求も含まれている。また、ある特定の労働環境に対する権限（例えば有給休暇の権利）や、家族を保護するための権利（例えば家族の再統合という「移民政策にとって」重要な権利）、自分が信じる宗教活動をする権利や、個人情報に関するプライバシーに対する権限も含まれており、これらは一例にすぎない。これらの権利とその詳細な内容に対して道徳的基礎を考え出すことはたしかに可能かもしれない。しかし、そのような道徳的基礎は、例えば殺されない権利の道徳的基礎と比較すると、明らかにずっと異論の余地があり普遍性を欠いているだろう。特に、これらの細かい異質な権利の明確な内容を単一の一般的道徳的基礎から導き出すことは困難だろう。というのも、これを導き出すためには、まず道徳の原理と価値に関して理論を展開するという困難な課題をこなす必要があるのだが、それだけではなく次のことも明確に説明しなければならないからである。それは、どのようにしてこの道徳の原理と価値が、それぞれの状況のもとで、あるいは複雑な社会的・政治的状況を前にして、特殊な義務と権限へと具体化されるのか、ということである。そして最後に、この多様な人権規約のうちには、人権法廷に対する諸規定や、人権状況を監視するための手順（これは、人権を守らせるためのメカニズムとしては、これまで述べてきたもののなかで最も重要なものかもしれない）、さらには裁判手続きの方法に対する細かい要請といったものまでも含まれている。これらは基本的に、過去二世紀にわたる法的・政治的発展を反映したものであって、道徳的理想を反映したものではないのである。

このことを具体例を用いてより詳細に説明してみよう。最近新たにつくられた国連人権理事会は、それぞれの国の人権状況に関して定期報告を行うことになっている。国連人権理事会は二〇〇九年にドイツの状況に関する報告を行ったのだが[37]、この報告のなかで一部の国が、ドイツの人権状況に関して以下のような申し立てを行った。ドイツの法律は、移民が市民の地位を獲得する権利を侵害しており、一部の公的な児童保護サービスによって親の権利を侵害しており、公務の際にヘッドスカーフを着用することを禁じることによって宗教活動の自由の権利を侵害している、と。では、これらの状況が人権侵害に当たるとされる理由は何だろうか。人権の道徳的基礎に直接言及したところで、この理由を説明することはできない。――あるいは、この道徳的基礎が移民に市民権を得る権限を与える（これにはこの権限の細目の一部も含まれているのであって、というのもドイツの法律は移民が市民権を得る可能性を原則としては排除していないからである）、そして親は自分の子どものことをすべて決める権利をもち、公務の際でも自分の宗教的信念を示し実行する権限がある、と想定しなければならなくなるだろう。たしかに、これらの権利を正当化することができる道徳の原理を考え出すことは可能である。しかし、そのような原理に関して多くの人々の意見が一致するということはまったくありそうもないことである――人々の意見が一致するのであれば、そのような原理が人権の基礎であると主張することができるのだろうが。市民権を得るにふさわしい資格がどのようなものなのかについては、間違いなく多くの異なる見解がある。そして私自身、親は自分の子どもにとって何が幸福なのかを決める絶対的な道徳的権限をもつ、という考え方に反対するだろう(38)。また私は、人は生活のあらゆる面において（特に生活のあらゆる公共的な面において）自由に宗教活動をする絶対的な道徳的権限をもつ、という考えにも納得できないのである。

それにもかかわらず我々は、この報告のなかで指摘された三つの状況がなぜ人権侵害に当たるのか、なぜ報告のなかでこのような申し立てを行うことが正しいのかを容易に理解することができる(39)。それにひきかえ人権の道徳的理論は、この三つの例が人権侵害に当たることを説明することができない。無理に説明しようとすると、人権の道徳的基礎を拡張することになるが、しかしそうすると人権の道徳的理論自体が受け入れがたいものとなるだろう。このような困難ゆえに、人権の道徳的理論はしばしば修正主義的になり、現在認められている多くの人権について、本質的なものとそうでないものというふうに格づけする（このような格づけを人権に関する宣言や規約自体のうちに見出すことはできないのだが）か、そうでなければ、法的・政治的に［人権として］確立された権利はまったく人権ではないという結論に至るのである(40)。それに加えてこの理論は、人権を保護するための特殊な手続きと制度の価値を再構成することができない。その代わりにこの理論は、人権を保護し実現する個人的あるいは集団的責任が非常に曖昧であることを指摘することによって、法的・政治的な義務を緩めることに力を貸すことになるのである。このことが果たして本当に「人権」を補強することになるのかどうかは、それぞれの行為主体の（一種の）道徳性に完全に依存するだろう。だからこそ、人権の道徳的理論は、少なくとも一部の人権の妥当性を相対化する多くの機会を与えることになるのである。(41)

人権のより包括的な概念とその不確定性の問題

前節では、人権に道徳的基礎を与えることによって人権を強化しより盤石なものにしようとする戦略について説明した。結局、この戦略では人権の説得力のある概念を展開することが困難であり、この戦略によってでは光をあて道徳的に根拠づけることができない人権がいくつかある、ということがわかった。その一方で――修正主義的な仕方で――他の多くの人権と、人権を施行し守らせるための手続きは、完全に考慮の埒外に置かれるか、あるいは（より）「本質的な」人権に依存するものと考えられることになった。ここから、この戦略をとる場合に支払わなければならない規範的「代償」は、あまりにも高すぎるのではないか、という疑問が生じることになる。というのも、この戦略をとることによって、［人権として］確立された権利要求が危うくなり、また人権を施行し保障するために少なくとも部分的には機能しているメカニズムも危うくなるからである。(42)このような理由で、この戦略とは別のアプローチが考え出される。このアプローチが追求するのは、現にある人権規約のうちに記載されている権利のすべてあるいは大半のものをカバーできる十分に広い人権理解であり、つまり現在行われている人権の実践を記述し規範的に再構成することを試みる人権理解である。[43] このような人権理解のもとでは、あらゆる人権が同じ一つの源泉、例えば人間の尊厳といった源泉に由来し、多くの権限がそこから整然と展開されるとは考えられない。むしろさまざまな権利が出現したことに目を向け、これらの権利の背景に何らかの理由があるのか、あるとしたらどういう場合にあるのかを、規範的に再構成する。その後ではじめて、さまざまな権利について探求し、そのさまざまな人権が一つの首尾一貫した集合を形成する理由を探求するのである。

二十世紀に人権が出現したことに目を向けるならば、次のことは明らかである。つまり人権が定められたのは、まず第一にナチ政権の残虐行為に対するリアクションとしてであって、そして——おそらくそこまでではないにせよ——資本主義の膨張や、帝国主義やその他の全体主義の膨張に対するリアクションとしてであった。人権の宣言と規約についての協議に関わった人のなかには、人間存在の道徳的基礎や前述の残虐行為による人間存在の侵害が考慮すべきポイントであると考える人もいれば、そうは考えない人もいた。そうは考えない人はしばしば、強大な行為主体に対抗できる強力な立場をつくり出すことにより大きな関心を向けたのであって、このような関心は、例えば旧植民地が人権というものに対してどのような態度をとったのか、今なおとっているのか、ということのうちに見出されうる。[44] そしてより一般的に言えば、人権というものは、近代の政治・社会・経済の体制と制度とその発展のうちに潜む脅威や危険を見抜くことによって生まれたものだと言うことができる。国家や社会、経済システムは人を支配する潜在的な力をもっており、そしてこの潜在的な力は現実の脅威となる。それゆえに、この脅威にさらされている人々に保護を与えるために、あるいは、支配を止めさせることができる地位、脅威となりうる体制や行為主体をコントロールすることができる地位を与えるために、権利を定める必要があるのである。[45] よって、人間の自然本性や人間の不滅の「積極的な」道徳的権限に関する洞察に基づいて、人権が確立されたのではない（少なくともこの洞察が人権の確立の直接の理由ではない）。むしろ、強大な行為主体と体制による選択と、この選択に従って人間に対してなされた危害が背景となって、人権は確立されたのである。それゆえ人権は二十世紀の「発明」とみなされ、かつ二十世紀においてのみ発明されえたのである。人権は、十六世紀以降の近代革命の重要な原動力としての自然権の後継者ではないのである。[46]

この第二のタイプのアプローチは、次のような包括的な人権の定義のもとで展開される。人権とは、それが認められなければある行為主体や制度が他人を支配し根本的な危害を加えることが許容されてしまうがゆえに、認められなければならない権利のことである。このような定義からは一つの問題が生じる。人が支配されたり根本的な危害を加えられたりしていると言えるのはどのような場合なのかを我々は決めることができるのだろうか、できるとしたらどのようにしてできるのだろうか。特に、事実として規約のなかで定められている多様な人権について広いパースペクティヴから考えてみると、他人に対する損害や制限のすべてがかならず、その人に対する支配や危害になるわけではないことは明らかである。では我々はどのようにして、有給休暇が含まれていない労働契約がその人を支配し危害を加えることになる、と言うことができるのだろうか。このケースに関しては、有給休暇の権利が一九四八年の世界人権宣言のなかに盛り込まれるに至った歴史的議論に目を向けてみると、特に興味深いことが見えてくる。この権利を盛り込んだ狙いは、労働者が身体的・精神的にリフレッシュできるようにすることでも、労働者の幸福を実現することでもなかった。むしろ、有給休暇が近代社会においてもつ役割が焦点になっていたのであり、人が自分自身と向き合い、社会生活のなかで他人と十分に協力することを可能にする条件、つまり労働者が自尊心を養い、対等な市民として他人と接することを可能にする条件が焦点になっていたのである。(47)

しかしこのような人権が「自然的」要請には依存していない権利なのだとすると、我々がどのような場合にどのような種類の支配や危害を問題としているのかを決めることができる道徳的な規準は必要ないのだろうか。車の免許という人権や、制限速度なしに超高速道路を走る人権などというものはありうるだろうか（この思いつきは、公平な気候変動対策に関する議論や、幸せな人生を送るために不可欠なものを特定する試みを見てみると、そこまで馬鹿げたものではないことがわかる）。たしかにいくつかのケースでは、危害とその重大さを判定するために道徳的論証に言及しなければならないことがあるかもしれない。しかし他のケースでは、必要なのは正義論や民主主義理論に基づく政治的・経済的な議論ないし正当化であるかもしれない。そして多くのケースでは、必要なのは「新しい」論証ではなく、むしろ既存の権利を新たに解釈し、正当化し、決定することだけだろう。自由に職業を選択する平等な権利を女性に保障するためには、新しい道徳的、政治的あるいは経済的な洞察をもち出す必要はない。むしろこの権利は、法のもとで平等な扱いを受ける権利や職業選択の自由への権利、差別を受けない権利といったすでに確立された権利のうちに含意されているのであって、必要なのはそれを偏見をもたずに新たに解釈することだけなのである。

たとえ、（新しい）人権を定める必要のあるいくつかの状況が道徳的議論によって特定されたとしても、同じ一つの道徳的議論が、それらの状況と危害の種類すべてに当てはまらなければならないわけではない。ある道徳的議論は、人間そのものにとって何が必要なのかということに言及するかもしれず、別の道徳的議論は、人間の尊厳は何を命じるのかということに言及するかもしれない[48]。また別の道徳的議論は、人はどのようにして関係を築いていくべきなのかを問題とするかもしれず、あるいは、よき生を送るための条件とはどのようなものなのかを説明するかもしれない（そしてこれらの道徳的・倫理学的議論は、正義や民主主義に関する、道徳とは無関係の考察が付け加わらなければ、人権の正当化には至らないだろう）。最終的には、人権はどれも別々の方法で正当化されなければならない（あくまでも「最終的には」であって、というのもたしかに、つながりをもった諸権利の「家族」が存在するからであって、このことは、既存の権利を再解釈することによって新しい権利が生まれるときに明らかになる）。だが、別々の方法で正当化されなければならないということは、それぞれの人権のあいだに明確な序列はないということも意味する。なぜなら、さまざまな正当化が存在するのであれば、人権の正当化のための単一の言説領域（discursive realm）は存在しないということになり、そうなると、複数の正当化とそれに対応した権利要求のあいだに序列があると主張することが困難になるからである[49]。

それぞれの人権のあいだには序列がないということは問題ではない。というのも、複数の人権が競合しあうと推定され天秤にかけなければならない極端な状況というのは稀であり、そしてそのような極端な状況ではしばしば、権利が何らかの役割を果たすかどうか不明瞭だからである。反対に、権利同士を天秤にかけるという状況自体が深刻な脅威を生むと考えられてきたからこそ、多くの人権が生まれたのであって、人権はしばしば、権利同士を天秤にかけることに対する「ストッパー」なのである。例えば、欧州連合基本権憲章には、個人情報を自分が管理する権利が含まれているのだが[50]、潜在的な「テロの脅威」やそれと同様の事態や状況が存在し、そのような場合に国家機関がテロリストを起訴するために個人情報を活用することができるだろうとわかっているにもかかわらず、憲章にその権利が含まれているのである。テロによる殺人を防ぐことは、個人情報を保護することよりも「より高く」格づけされる、という正当化を我々は排除することができる。検察官や役人は、このような状況で個人情報の権利を天秤にかける権利をもたない。もし二つの権利が相互に対立しあうようなことがあれば、我々は権利間に序列をつけるという方法とは別の方法で、その二つの権利の関係を理解しなければならないのである。

また、さまざまな人権にはさまざまな正当化があるということから、次のことも帰結する。つまり、すべての権利が同じ射程をもっているわけではないし、同じ要請を満たしてもらえるわけでもないし、同じ権威を与えられるわけでもないのである。それぞれの権利とその意味の根底にはそれぞれ特殊な理由があり、その理由によって、異なる受け取り手を異なる仕方で義務づけることができる。多くの法体系のなかで基本権が第三者にどのような影響を及ぼすのかについては、複雑な考察がなされており、この考察から次のことが明らかになる。つまり、国家の制度や役人にある仕方で動いたり動かなかったりするよう義務を課す権利は、直ちに「私的な」行為主体つまり市民社会の一員としての行為主体に対しても義務を生み出す、と理解すべきではない。人権はすべての人に対して同じように義務を課す、と想定する必要はない。人権は、誰がいつどのような仕方で何をする義務を課せられているのかという問題に関して――それぞれの特殊な権利に対して、それぞれの特殊な状況に関して――明確な情報を含んでいるのであって、このことのほうがずっと重要なのである。それぞれの権利には異なる射程と異なる要請があるので、そのような権利をどう解釈すべきなのか、自由裁量の権能をどの程度認めるべきなのか、という困難な問題に至るかもしれない。しかし、このような問題に関わる経験が蓄積されれば、人権の法規は再びこの困難な問題に対処することができるようになるのである。(51)

しかしながら、これらの考察を終えたところで、次のような疑問が浮かぶ。人権が多様であり、特に多くの仕方で正当化可能であるならば、なぜ人権は「人権」という明確な肩書きをもつべきなのか。権利のなかには、政治上の指令や契約、個人間の関係によって、あるいは団体や協会の一員であることによって成立するもっと些細な権利も存在するが、こういった権利と人権のあいだの違いはどこにあるのだろうか。本節で論じているアプローチによれば、人権はその内容やその正当化に関して特別なわけではない。むしろ人権は、それが次のような行為主体に対する権利要求だから特別なのである。その行為主体は、力関係や地位の違いのゆえに物事をコントロールすることがほとんどあるいはまったくできない人々に対して影響を及ぼし、さらには恒常的に構造的危害を加えることが可能な行為主体である。人権のこのような定義はたしかに不確定な定義であり、どの権利も人権になる可能性を残すことになる。ほとんどの場合、哲学的な反省だけでは、ある権利が人権でなければならないのか、人権でなければならないとしたらどういう場合になのかを決定するのに不十分である（もっとも、哲学的な反省によって、ある権利がかならず人権でなければならないことをはっきりと述べることは可能であるが[52]）。それぞれのケースで、問題となっている権利が人権であると言えるために何が示されなければならないのかというと、それは、問題となっている権利が、その権利を守る義務を負った行為主体の好き勝手にはできないような権利だ、ということである。実のところ人権の特徴は、それが相対化不可能だという事実のうちにある。だがこの人権の相対化不可能性はかならずしも、あらゆる状況下でまさに相対化されることなく実現されなければならない善や行為に対する権利の本性から導き出されるわけではない。むしろこの不可能性は、政治的・法的システムの内部で権利がもつステータスの特徴なのであって、これはつまり、その権利によって義務づけられた行為主体はそれを相対化することが許されない、ということである。人権が第一に指し示すのは、〔行為主体間の〕関係に特有の法的・政治的本性なのであって、その特殊な権利の本性は副次的に指し示されるだけなのである。

　このことを説明するために、前節で取り上げた、国連人権理事会での報告のなかでドイツに対して行われた三つの申し立てを再び取り上げよう。この報告は、ドイツで移民が市民権を獲得するのが困難であることを批判しているのだが、これがなぜ人権に関する批判になるのだろうか。それはこの報告が、移民と国家機構および社会のあいだの関係を問題視しており、もっと言えば、国家や社会が移民の関心とニーズに耳を傾けることがないという状況を問題視しているからである。社会は、移民を受け入れたからには、その移民を支配する立場に立ってはならない。移民を受け入れた社会は、移民が社会の他の人々とともに、政府の行動方針を決定することに参加する機会を移民に与えなければならない[53]。ここでは人権が問題となっているのだが、それは、市民としての地位を取得する方法をその社会が好き勝手に決定するわけにはいかないからである（少なくとも、その社会が移民の入国を許した以上は）。

児童保護サービスに対する申し立てもこれと同じように理解されるべきである。この申し立ては、親は子どもにとって何が幸福なのかを決定する絶対的な権威をもっているのかという問題について、一般的な陳述を行おうとしているのではない（もっとも、多くの人権規約にはこの点に関する明確な記述があり、例えば、ドイツでは親が自分の子どもにホームスクーリングを行う決定をすることができないという理由で、アメリカ合衆国に亡命しようとしたドイツの家族がいたのだが）。この申し立てが問題視しているのはむしろ、公的行為主体が、人や家族の生活に大きな影響を及ぼす重大な決定をすることができる、それも自分で最終的な決定をする可能性を彼らに認めずに、決定をすることができる立場にあるということなのである。

宗教活動の自由に関しても同じである。問題となるのは、社会の一部が、社会の他の一部が何らかの宗教的なシンボルを使用することを、自分の権力で禁止すること、それも、後者が政府の行動をコントロールすることや社会生活に十全に参加することを不可能にするような仕方で、禁止することは許されるのか、ということである。決め手となるのは、宗教活動の自由に対する「積極的な」権利要求ではない。むしろ、社会のある部分が、宗教的シンボルを使用することを禁じることで、一部の人が社会の自己統治に参加することを不可能にし、そうすることによって強い立場を手に入れてしまうという「消極的な」脅威なのである。

人権のために哲学は何ができるか

以上私は、人権の哲学的理論の二つのアプローチについて論じてきたが、この二つのアプローチにはそれぞれ長所と短所がある。一方の道徳的理論は、一定の範囲の権利の妥当性を正当化することができ、この権利からは次のことが帰結する。つまり各人がみなその権利を守る義務をつねにもつのであって、たとえこの義務を遂行するよう任命された制度的行為主体が別に存在するとしても、そうなのである。この道徳的理論の短所は、それが修正主義になるという点である。つまりこの道徳的理論は、過去七十年のあいだに考案され施行された権利と手続きの多くを再構成することも裏づけることもできないのである。それに対して、もう一方の人権理論にはこのような短所はない。こちらの理論は、既存の人権から出発してそれをよりうまく再構成し、既存の人権を土台にして人権の規範的基礎を説明する。この理論は、異なる人権には異なる正当化がなされることを許容し、それぞれの人権を、実際の政治的・社会的状況の内部で考察する。しかしこの理論にも短所がある。この理論は、何が人権に当たるのかを規範的に判別するための規準をメタなレベルへと移すのだが、そのせいでこの理論は、具体的な義務や責任に関して確定的なことを言えなくなるのである。

しかしこのことがなぜ問題視されるべきなのか。哲学者は、どの人権が保障されるべきであってどの人権が保障される必要がないかを決めなければならないのか。多くの哲学者は、自分には政治的役割や社会的役割があると考えているが、私が思うに哲学は、この役割を担うことによって世界にどのような影響を及ぼすのかを理解していない限りは、このような役割を担うことはできないし、担うべきでもない。哲学者は、どのような人権が政治や法律のなかで確立されているのか、要求されているのかを分析することに集中すべきである。また、その権利を正当化することができるのかどうか、できるとしたらどの程度できるのか、またその権利からはどのような義務が帰結するのか、といったことを考察すべきである。このような分析と考察によって、哲学は人権をもっとずっと直接的に強化することができるし、人権の道徳的理論も抱いていた期待、つまり人権がきちんと権利として普及するようにという期待にもっと応えることができる。このように哲学が控えめな役割を担うことは、人権の領域で哲学には何か特殊な「哲学的」能力があると言い張ることよりも、人権の促進という目標の実現に結局はもっと貢献する。そして最終的に哲学は、人権に関する現実の政策や法律のほうが、人権の保護にひどく失敗したケースよりも興味深い出発点を多く提供する、ということも「発見する」のである。

論じられるべきことはまだ多く残っている。なぜなら私は本稿の冒頭で、人権は本来この世界でもつべき重要性を（まだ）獲得していないと述べたが、このことは依然として真実だからである。たしかに人権は実際に規約のなかで定められてきたし、人権を施行し守らせる手続きと制度は、原則上、実際に存在しているのだが、単なるこの事実だけでは、人権が戦略的に利用されたり悪用されたりしないように保障することはできないのである。この意味で、我々はまだ次のことを考えなければならない。哲学研究はどのようにして、特に人権が問題となるような争いを見分けることに貢献できるのか、どのようにして、場合によっては戦略と権力を兼ねそろえた行為主体に対してさえ「野心的な」権利要求をすることの重要性を高めることに貢献できるのか。

【注】

（1）ルワンダに介入しないことを正当化するために「ジェノサイド」と「ジェノサイド的行為」という言葉を戦略的に使い分けた問題に関しては、Samantha Power, *A Problem from Hell: America and the Age of Genocide* (New York, 2002), pp. 358-64 を参照せよ。

（2）例えば次の引用を参照せよ。「たとえ現在の国際法に記載されている人権のリストが権威をもつとしても――もっとも私はそれを受け入れなければならない理由はないと考えているが――、それだけでは我々が必要とするものすべてを手に入れたことにはならない。［……］行為を導く重みをもった説明の力を大幅に失うという対価を支払って、国際法の自律を獲得するというのは、割に合わない取引である」（"Human Rights and the Autonomy of International Law," in Samantha Besson and John Tasioulas (eds), *The Philosophy of International Law* (Oxford, 2010), pp. 339-55, here: p. 340)。

（3）Cf. Thomas W. Pogge, "Severe Poverty as a Violation of Negative Duties," *Ethics & International Affairs* 19 (2005), pp. 55-83, here: pp. 78-83.

（4）現在存在している人権の政治的・法的エントレンチメントと、人権制度とその限界を批判的に吟味することにおける人権の役割のあいだのこのつながりに関しては、Cristina Lafont, "Global Governance and Human Rights," in Matthias Lutz-Bachmann and Amos Nascimento (eds), *Human Rights, Human Dignity, and Cosmopolitan Ideals: Essays on Critical Theory and Human Rights* (Ashgate, 2014), pp. 45-74 も参照せよ。

（5）世界人権宣言とその発展が、自己発生的な法的・政治的宣言であると説明するのではなく、どのようにして「これらの［哲学的］権利を保護」すればよいのかということについての反省的思考に基づくものであると説明するものとして、Paul Gordon Lauren, *The Evolution of International Human Right: Visions Seen* (Philadelphia, 2011 [3rd ed.]), pp. 207-19 を参照せよ。

（6）この二つの違いに関連する説明として、Marie-Bénédicte Dembour, "What are Human Rights? Four Schools of Thought," *Human Rights Quarterly* 32 (2010), pp. 1-20 を参照せよ。

（7）例えば、Jack L. Goldsmith and Eric A. Posner, *The Limits of International Law* (Oxford, 2005), pp. 107-34 を参照せよ。

（8）人権に関する最近の哲学的論争は全体として、一九九〇年代以降の国家基底的な世界秩序とその規範的理論が根本的に変容したことに密接に関係している。この点については例えば、Matthias Lutz-Bachmann, "'Weltstaatlichkeit' und 'Menschenrechte' nach dem Ende des überlieferten 'Nationalstaats'," in Hauke Brunkhorst, Wolfgang R. Köhler and Matthias Lutz-Bachmann (eds), *Recht auf Menschenrechte: Menschenrechte,*

Demokratie und Internationale Politik (Frankfurt, 1999), pp. 199-215 を参照せよ。サスキア・サッセンによれば、冷戦終結以降に人権の重要性がますます大きくなっていることは、一方では国家の役割が変化したことを表しているが、しかし他方では、人権が国家の将来果たすべき役割と国際システムを再設計するための重要なツールであることを表している（だからこそ、国家あるいは国家制度もまた新たな重要性を獲得するのである）。この点についてはSaskia Sassen, "The Places and Spaces of the Global: An Expanded Analytic Terrain," in David Held and Anthony McGrew (eds), *Globalization Theory: Approaches and Controversies* (Cambridge, 2007), pp. 79-105, here: pp. 96-7 を参照せよ。

（9）このような議論については、Wolfgang R. Köhler, "Das Recht auf Menschenrechte," in Hauke Brunkhorst, Wolfgang R. Köhler, Matthias Lutz-Bachmann (eds), *Recht auf Menschenrechte: Menschenrechte, Demokratie und internationale Politik*, pp. 106-24 を参照せよ。

（10）アレン・ブキャナンは、人権は「制度のデザインのための指示」というよりもむしろ「制度のアレンジに対する制約」であると論じ、人権の実現方法についてある程度の裁量を社会に認める（これは明らかに、すでに何らかの種類の法的・政治的秩序が実在しているということを想定している）。この点については、Allen Buchanan, *Justice, Legitimacy, and Self-Determination: Moral Foundations for International Order* (Oxford, 2004), pp. 125-7 を参照せよ。人権と政治制度のあいだの密接な関係に関する別の議論としては、Georg Lohmann, "Zur moralischen, juridischen und politischen Dimension der Menschenrechte," in Hans Jörg Sandkühler (ed.), *Recht und Moral* (Hamburg 2010), pp. 135-50 を参照せよ。

（11）この節では、私は人権を道徳的権利として考える理論にのみ焦点をあてるのであって、人権のなかの「権利」という要素を特に重んじない他の理論に焦点をあてるつもりはない。人権に関する後者のような見解は、しばしば権利を利益と同一視する。こういった見解については、例えば、Thomas W. Pogge, "How Should

"Human Rights be Conceived?," in Thomas W. Pogge, *World Poverty and Human Rights* (Cambridge, 2002), pp. 52-70 を参照せよ。

（12）Henry Shue, *Basic Rights: Subsistence, Affluence, and US Foreign Policy* (Princeton, 1996), p. 13.

（13）この点に関するより詳しい説明としては、Thomas W. Pogge, "Human Rights and Human Responsibilities," in Andrew Kuper (ed.), *Global Responsibilities: Who Must Deliver on Human Rights?* (New York, 2005), pp. 3-35, here: p. 10 を参照せよ。

（14）この文脈でシューは、人権は権利のための権利ではなく、善が本当に実現されることへの権利要求であると述べている。「権利は、権利を享受するための権利ではない。それは、何か別のもの、例えば食料や自由を享受するための権利である。我々はときにシンプルに、誰かが『権利を享受している』と言うことがあるが、私はこの言い方は、『その人が、権利の内容である何らかのものを享受している』、あるいはおそらく『それを権利として享受している』ということを省略した言い方であると考える」（Henry Shue, *Basic Rights: Subsistence, Affluence, and US Foreign Policy*, p. 15）。

（15）ジョエル・ファインバーグは、権利が善意に還元されるという見解に対して、今となっては古典的と言える反論を行っている（Joel Feinberg, "The Nature and Value of Rights," *The Journal of Value Inquiry*, 4 (1970): pp. 243-60）。

（16）すでに起きてしまった権利侵害の（ほとんど）すべてのケースで法的救済を行う制度的条件ないし社会的条件を考えることは可能かもしれない。だが人権侵害に関するそのような制度と条件にも問題があり、多くの場合この法的救済は、人権侵害によって失われた生命や身体的統合、心理的統合を回復することができないのである。

（17）異なる理論が、政治的秩序の正統化を行うにあたり、異なる重要性を人権（あるいはそれに対応する「利益」

や要求）に対して与える。「最も弱い」立場にとっては、人権は政治的秩序の正統性の必要条件ではあっても十分条件ではない。政治的秩序は、それが人権を侵害するのであれば、正統なものではありえないが、しかしそれが人権を侵害しないというだけの理由で、政治的秩序がつくり出されたり維持されたりするわけではない。それに対して「より強い」立場の場合、人権は政治的秩序の正統性のための必要十分条件とみなされる（少なくとも、いかなる政治的秩序も存在しない状況や、民主主義的あるいはもっと正義に適った政治システムを実現することが不可能な状況のもとでは、そうみなされることがある）。このような二つの立場は両方とも、カントに従って（注(29)を参照せよ）、人権は主として制度化に依存していると考え、（いかなる公的秩序も存在しない場合には）法的な人権を確立するために公的政治的秩序がつくり出されなければならないと主張する。あるいは、人権は（基本的）正義を求める権限であると考え、それゆえ、問題となっている善や選択の自由、サービスをすべての人に提供するような社会の基本的な制度体制が必要になると考える。この二つの立場は、もしより民主主義的な国家やより正義に適った国家が存在しうるのだとしたら、人権の保護ないし保障が政治的秩序の正統性の十分条件であるとは考えないかもしれない。

(18) ある一定の領域をどの国家も治めていない場合に、あるいは現存する国家が人権を保障することができない場合に、軍事政権をこの意味で正当化することができるかという問題については、Allen Buchanan, *Justice, Legitimacy, and Self-Determination*, pp. 235-9 を参照せよ。

(19) 立法部門による司法審査の理論に関しては、Richard Bellamy, *Political Constitutionalism: A Republican Defence of the Constitutionality of Democracy* (Cambridge, 2007) を参照せよ。

(20) 司法審査のシステムにおける人権の機能に関するそのような考え方は、国家を超えたグローバルな立憲政治に関する文献の多くに見出される。例えば、Stephen Gardbaum, "Human Rights and International Constitutionalism," in Jeffrey L. Dunoff, Joel P. Trachtman (eds), *Ruling the World? Constitutionalism,*

International Law, and Global Governance (Cambridge, 2009), pp. 233-57 や、Thomas Kleinlein, *Konstitutionalisierung im Völkerrecht: Konstruktion und Elemente einer idealistischen Völkerrechtslehre* (Berlin, 2012) を参照せよ。また、人権のダイナミックな性格に関する考察として、Lafont 前掲書を参照せよ。

(21) さらにジェイムズ・グリフィンは、「道徳的人権から法的人権に移行すること」が一般的に間違っているあるいは性急だろうと思われるケースを四つのタイプに分けて列挙している。一つ目は、権利の内容がまだ十分に明確でないケースであり、二つ目は、「公的資金を求めて競合する複数の権利要求」があるケースであり、三つ目は、法律が過度に介入してしまうようなケースであり、四つ目は、法制度以外のもののほうが、権利をうまく施行し守らせることができるというケースである。Cf. Griffin, "Human Rights and the Autonomy of international Law," pp. 354-5.

(22) この問題に関しては、ピーター・シンガーとアンドルー・クーパーの論争を参照せよ（Andrew Kuper (ed.), *Global Responsibilities: Who Must Deliver on Human Rights?* (New York, 2005), pp. 155-81)。

(23) この文脈で注目に値するのが、人権の道徳的理論の多くが、この道徳的基礎がどのような特性をもっていることが望ましいかを記述し、そのような道徳的基礎を見出すことができると主張していることである。ただし、多くの場合これらの理論は、何らかの特定の基礎を擁護しているわけではない。

(24) 他人を強制する特殊な義務や責任や権限付与を正当化することなく、「単に」基本的権限を擁護することだけが重要なのであれば、その場合、論証責任はたしかにあまり厳しいものではない。よってこの正当化の作業の大部分は、「適用の話」あるいは「非理想的」理論になる。

(25) このことは、シューの言う、道徳的権利から導き出される「社会的保障」が含意することの一つである。

(26) エジプトにおけるアラブの春の例を参照せよ。エジプトでは、人権を侵害する体制に対する抗議によって、一時的に警察が公共の場から完全にいなくなるという状況が生じた。

（27）最も有名なものとして、Peter Singer, "The Singer Solution to World Poverty," *The New York Times Magazine* Sep. 5, 1999, pp. 60-63 を参照せよ。
（28）別の言い方をすれば、私は本稿では、道徳的相対主義の問題には立ち入らない。道徳の核心部分が共有されているという考えに対する強い批判としては、Mukua Matau, "Savages, Victims, and Saviors: The Metaphor of Human Rights," *Harvard International Law Journal* 42 (2001), pp. 201-45 を参照せよ。
（29）Cf. Immanuel Kant, *The Metaphysics of Morals* (Cambridge, 1996), pp. 84-6 (Doctrine of Right, §§ 41-2).
（30）この議論に関しては、Seyla Benhabib, "Claiming Rights Across Borders: International Human Rights and Democratic Sovereignty," *American Political Science Review* 103 (2009), pp. 691-704 も参照せよ。
（31）この点に関して未解決のままにされている問題として、「積極的」権利、つまり単にあることをしないように要求するのではなく、反対に、あることをするように要求する権利をどう扱うか、という問題がある。
（32）この点に関して、権利の利益説と意志説ないし選択説とのあいだの重要な違いがある。これについては例えば、William A. Edmundson, *An Introduction to Rights* (Cambridge, 2012), pp. 96-107 を参照せよ。
（33）よって、権利に基づいて行為することと、道徳的権限に基づいて行為することのあいだには決定的な違いがある。もし私が相手の権利に基づいて行為しているのだとしたら、この権利がどのように道徳的に正当化されると私が考えているのかは、究極的には重要ではないことになる。その相手が権利をもっているという単なる事実だけで、私がその権利を侵害しない、あるいはその権利に対応する何らかの義務を果たす理由としては十分なのである。そしてこれは、私が何らかの直接的あるいは間接的な方法でその権利を承認したからなのではなく、権利をもつということが、「外的自由」の関係のなかにあることを意味するからである。この外的自由の関係のなかでは、私はその義務を果たすように相手を強制することができるのであって、たとえその相手自身がその義務を果たすべきだと考えていなかったとしても、強制することができるのである。

これとは対照的に、道徳的権限に基づいて行為することは、その権限を承認し、その権限にしたがって行為する道徳的動機をもっている、ということに完全に依存しているのである。

（34）これらの問題は、ユルゲン・ハーバーマスのディスクルス倫理学、政治哲学、法哲学に従う理論のなかで人権を正当化し人権の役割について考えるときに、明らかに決定的に重要である。ハーバーマスの最近の立場に関しては、ハーバーマスの "The Concept of Human Dignity and the Realistic Utopia of Human Rights," *Metaphilosophy* 41 (2010), pp. 464-80 を参照せよ。これと関連のあるアプローチとしては、とりわけ Rainer Forst, "Die Rechtfertigung der Menschenrechte und das grundlegende Recht auf Rechtfertigung: Eine reflexive Argumentation," in id., *Kritik der Rechtfertigungsverhältnisse: Perspektiven einer kritischen Theorie der Politik* (Berlin, 2011), pp. 53-92 および Klaus Günther, "Liberale und diskurstheoretische Deutungen der Menschenrechte," in Winfried Brugger, Ulfried Neumann, Stephan Kirste (eds), *Rechtsphilosophie im 21. Jahrhundert* (Frankfurt/Main, 2008), pp. 338-59 を参照せよ。

（35）国際法における人権と哲学的理論における人権の差異の問題については、以下のものも参照せよ。Charles R. Beitz, *The Idea of Human Rights* (Oxford, 2009), pp. 102-6; James W. Nickel, *Making Sense of Human Rights* (Malden, 2007), pp. 9-21; Joseph Raz, "Human Rights Without Foundations," in: Samantha Besson and JohnTasioulas (eds), *The Philosophy of International Law* (Oxford, 2010), pp. 321-37.

（36）人間の権利に関する近代初期の主張と二十世紀の人権とのあいだに見られる断絶については、Stefan-Ludwig Hoffmann (ed.), *Moralpolitik: Geschichte der Menschenrechte im 20. Jahrhundert* (Göttingen, 2010); Akira Iriye, Petra Goedde and William I. Hitchcock (eds), *The Human Rights Revolution: An International History* (Oxford, 2012); Samuel Moyn, *The Last Utopia: Human Rights in History* (Cambridge, 2010) を参照せよ。反対に、人権の発見に関して歴史的な連続性があるとする見解は、Lauren, *The Evolution of*

International Human Right: Visions Seen に見出される。

（37）UN GAA/HRC/11/15 from March 4,2009 accessed at http://daccess-dds-ny.un.org/doc/UNDOC/GEN/G09/117/39/PDF/G0911739.pdf?OpenElement on December 6, 2012.

（38）この問題に関しては、ドイツにおける男性割礼についての最近の論争も参照せよ。この論争で主に論点となっているのは、少なくとも一部の研究者の見解によれば、身体的統合に対する子どもの権利と、自分の子どもの宗教的アイデンティティを決める親の権利のどちらを優先するのか、ということである。

（39）これについては、〔ドイツの人権状況に関する〕三つの批判についての次節の議論を参照せよ。

（40）人権に関する哲学的議論の多くは、例えば「有給休暇」の権利といった「明らかに」人権ではない権利がいくつか、人権規約によって与えられている、と述べて議論を開始する（例えば、Griffin, "Human Rights and the Autonomy of International Law," p. 340 を参照せよ）。たいていの場合、問題とされているその権利は人権ではないと想定されているのだが、しかしなぜ人権ではないのかは正当化されていない。

（41）ここで私が言いたいのは、このような道徳的理論が間違っている、ということではない。この道徳的理論はしばしば、基本的な道徳的義務と権限について理解するのに重要な貢献をする。しかしながら、この理論は間違った名称のもとで展開されている。つまり、この理論は、この理論自身が人権とは何なのかを規定する限りでのみ、人権理論と名乗ることができるのである。そしてこのように人権とは何なのかを再規定することにはつねに、ある「概念」に基づいた既存の〔人権の〕「定義」あるいは実践を掘り崩してしまうというリスクがともなう。だからこの理論は、みずからの目標にとって障害となるような事態を引き起こす一因となってしまう可能性があるのである。

（42）この点で、既存の人権規制の枠組みが現実世界にどの程度の（有益な）効果をもたらしたか、もたらしているのかをどのようにして測ればよいか、つまり、どの種類のアプローチがより害悪をもたらすのか、と問う必要がある。評価の基準の候補として一つ考えられるのが、一九九〇年代の国連安全保障理事会の方針である。安全保障理事会は「国際平和と安全に対する脅威」のなかに人権侵害をも含めることに決定したが、このことによって、人権の保護を強化することになったのか――例えばイラク北部に飛行禁止区域を設けたことは、人権保護の強化につながったと言えよう――、それともこの安全保障理事会の方針は、ユーゴスラビアに対するＮＡＴＯの戦争のような戦争を可能にしてしまい、その結果、ＮＡＴＯ自身による人権侵害を招いてしまったのか。この問題については、Martti Koskenniemi, “The Police in the Temple. Order, Justice and the UN: A Dialectical View,” *European Journal of International Law*, 5 (1995): pp. 325-48 を参照せよ。

（43）そのようなアプローチに関する重要な文献については、すでに注(35)で言及した。これらの文献が主に参照しているのは、ジョン・ロールズの *The Law of Peoples* (Cambridge/MA, 1999) における人権概念であることが多い。そのなかでロールズは、人権を「特殊な種類の緊急権」と考えており、これは、自衛という理由以外では、他国に対して戦争をしかけることを正当化することができる唯一の理由である（pp. 78-81）。これと同系統の立論を行っている他の文献としては、Charles Beitz, “What Human Rights Mean,” *Daedalus* 132 (2003): pp. 36-46; id., “Human Rights and the Law of Peoples,” in: Deen K. Chatterjee (ed.), *The Ethics of Assistance: Morality and the Distant Needy* (Cambridge 2004), pp. 193-214 を参照せよ。

（44）例えば、Andreas Eckert, “Afrikanische Nationalisten und die Frage der Menschenrechte von den 1940er bis zu den 1970er Jahren,” in: Stefan-Ludwig Hoffmann (ed.), *Moralpolitik: Geschichte der Menschenrechte im 20. Jahrhundert* (Göttingen, 2010), pp. 312-36; Moyn, *The Last Utopia*, pp. 84-119 を参照せよ。

（45）ここで使われている支配（domination）とコントロールという概念は、フィリップ・ペティットの新共和主義のなかで鍵となるアイディアを参考にしたものである。支配と非支配の概念については、Philip Pettit, *Republicanism: A Theory of Freedom and Government* (Oxford, 1997), pp. 51-109 を参照せよ。コントロールの概念については、*A Theory of Freedom* (Cambridge, 2001), pp. 32-103 を参照せよ。国際関係と人権に対する新共和主義のパースペクティヴがもつ含意については、Andreas Niederberger, "Republicanism and Transnational Democracy," in: Andreas Niederberger and Philipp Schink (eds), *Republican Democracy. Liberty, Law and Politics* (Edinburgh, 2013), pp. 302-27 も参照せよ。

(46) より一般的なパースペクティヴに立って、これらの初期の「権利」ないし「自然権」は、民主主義的な手続き・制度の要請に吸収された、と論じることさえ可能かもしれない。そのような立場としては、Marcel Gauchet, "Les droits de l'homme ne sont pas une politique" and "Quand les droits de l'homme deviennent une politique," in Marcel Gauchet, *La démocratie contre elle-même* (Paris, 2002), pp. 1-26, 326-85 を参照せよ。

(47) 世界人権宣言の背後にある議論については、Mary Ann Glendon, *A World Made New: Eleanor Roosevelt and the Universal Declaration of Human Rights* (New York, 2001) を参照せよ。

(48) 人権を発展させるうえでの人間の尊厳の重要性は、現在の哲学研究のなかで議論の中心となっている。しかし、人間の尊厳が重要な法的概念となっているのは、あくまでもドイツやイスラエルといったごく一部の法体系のなかでのみであることに注意しなければならない。人間の尊厳は、大半の人権規約のなかには出てこないし、少なくとも中心的な概念ではない。Cf. Jürgen Habermas, "The Concept of Human Dignity and the Realistic Utopia of Human Rights,"; Jeremy Waldron, "Is Dignity the Foundation of Human Rights?," *Public Law & Legal Theory Research Paper Series Working Paper* No. 32-73 (2013) (http://ssrn.com/abstract=2196074, last accessed on March 29, 2013).

(49) 人権の非序列的な性格とそのような人権の正当化については、James W. Nickel, *Making Sense of Human Rights*, pp. 92-105 を参照せよ。

(50) 第八条第一項「すべての人は、自分自身に関する個人情報を保護する権利をもつ」。

(51) この点で私は Lafont 前掲書と同じ意見である。人権体制は、ダイナミックな体制なのであって、新しい課題と洞察に対してつねに応答するが、それだけではなく現存する国際法に関わる経験や、国際法が国内法や国際関係に及ぼす影響に関わる経験に対してもつねに応答するのである。

(52) しかし、次のことに注意することは重要である。「かならず人権でなければならない」権利はかならずしも人権の中核をなすものとは限らず、よって他の人権よりも上位に格づけられなければならないものとは限らないのである。

(53) この点に関するより詳細な議論については、Andreas Niederberger, *Demokratie unter Bedingungen der Weltgesellschaft? Normative Grundlagen legitimer Herrschaft in einer globalen politischen Ordnung* (Berlin, 2009), pp. 416-17 を参照せよ。また、Seyla Benhabib, *The Rights of Others: Aliens, Residents and Citizens* (Cambridge, 2004) も参照せよ。

第四章　道徳的権利ではなく、法理的権利としての人権について

舟場保之

ゲオルク・ローマンによれば、人権は現在世界中で、政治的にも哲学的にも、また法理論的にも重要性を認められているが、人権をめぐる議論が明らかにしているのは、ほかならない人権についての統一的な理解がなされていないということそのことである（Vgl. Lohmann 62）[(1)]。ローマンは、人権に関する主要な争点の一つとして、「人権は道徳的な権利なのかそれとも法理的な権利……なのか」（Lohmann 63）ということ、換言すれば、人権は「道徳的な意味において理解されるべきか、あるいは法理的な意味において理解されるべきか」（Lohmann 65）[(2)]ということを挙げている。こうしたローマンの問題意識は、ヴォルフガング・R・ケーラーの問題意識と重なる部分がある。なぜならケーラーは、「人権への権利」と題する論文において、人権に関する問題として四つの代表的な問いを呈示し、「人権は根拠づけ可能か」という問いをそのうちで最も重要なものとしたうえで、道徳的な根拠づけに力点をおくからである（Köhler 106）[(3)]。ただし、ケーラーがここで主題化する人権は、個々の具体的な人

権ではない。

> 目的それ自体であることは、人権を、より正確に言うなら、少なくともある一つの人権を道徳的に根拠づけることにとっての必要十分条件であるように私には思われる。そして、この一つの道徳的に根拠づけうる人権を、私は人権への権利と呼びたい……。（Köhler 112）〔強調はケーラー〕

少なくともここでケーラーが道徳的に根拠づけることができると考えている人権は、個々の具体的な人権のことではなく、個々の具体的な人権をもつ権利を意味する人権への権利のことである。ケーラーは、この単数形での人権（Vgl. Höffe 236）[4]を道徳的に根拠づけることができると考えており、したがってこの単数形での人権を道徳的な意味において理解し、道徳的な権利として捉えていることになる。さて、ケーラーによって、こうした人権への権利を根拠づけるうえで必要十分条件とされるのが、いかなる人間も「絶対的な価値」（Köhler 111）をもつ目的それ自体であるということにほかならない。人間には人権への権利があるということは、人間が目的それ自体であるということを言えなければ、道徳的に正当化できないと同時に、人間が目的それ自体であるということを言えさえすれば、人間には人権への権利があるということは道徳的に正当化できる、というわけである。結論それ自体は非常に明瞭に語られているのであるが、しかし人間が目的それ自体であることが、人間には人権への権利があることを道徳的に根拠づけるための必要十分条件であるとなぜ言えるのかについては、少なくともケーラーのこの論考においては、十分に展開されているようには見えない。したがって、まず、人権をカントが『人倫の形而上学』「法論への序論」において論じる「唯一の生得的権利」と関係させて議論を展開するヘッフェの考察を検討し、手掛かりとしよう。たしかにヘッフェ自身は、人権への権利という語を用いたうえで、この権利がカントの生得的権利に該当するという論じ方をしているわけではない。しかし、「生得的な権利はただ一つだけである」（VI 237）[5] とするカントの言葉に関係させて、「特殊化された」人権とは区別される「根本にある」人権（Höffe 238）を根拠づけるその議論は、ケーラーの議論を補足するうえでまったく場違いというわけではない（「道徳的自己承認と人権への権利」）。もちろん道徳的な自己承認という仕方で人権への権利を根拠づけようとするヘッフェの議論には、難点を指摘することができる（「ヘッフェへの反論」）。また、ヘッフェに依拠してケーラーの議論を再構成するとき、その議論がはらむ問題点も明白になるが、これに対してケーラー自身が示唆する解決方法は――少なくとも論証としては――やはり説得力を欠くものである（「ケーラーへの反論」）。そこで、ハーバーマスの言葉に即した人権の根拠づけを検討することとしたい。むろん、この見解に対してはケーラーのみならずアーペルからなされるような異論もあるが、ハーバーマスのEU論を手がかりにしてアーペルとは異なった仕方で課題を解決するとともに、その議論の射程を確認したい（「アーペルによる批判とハーバーマスによるEU論の射程」）。

道徳的自己承認と人権への権利

カントは『人倫の形而上学の基礎づけ』（以下、『基礎づけ』）において、唯一の定言命法を道徳原理として定式化した後、「君の人格および他のすべての人の人格における人間性を単なる手段としてだけでなく、つねに同時に目的としても扱う」ことをいわゆる目的の定式として呈示している（Vgl. IV 429）。ここではすでに、人間性を単なる手段としてだけでなく、つねに目的としても扱うことが、他者に対する義務であると同時に、自己自身に対する義務でもあることが明らかにされている。「すでに」、というのは、『基礎づけ』刊行後十数年を経て出版された『人倫の形而上学』「法論への序論」において、ウルピアヌスにならって法義務が論じられる際に、次のように言われているからである。「君を他者に対して単に手段とするのではなく、他者に対して同時に目的であれ」（VI 236）、と。この法義務は、したがって『基礎づけ』において論じられる道徳的義務に少なくとも部分的には含意されていたことになるだろう。さてヘッフェの解釈によれば、この自己自身に対する義務をカントが法義務に数え入れているのは、本来目的それ自体である自分自身を単なる道具とするような者は、法的人格にふさわしくないと考えられ、「法的人格になりうるのは、ただ、自分自身を単なる道具とした り……そうすることを拒絶する者だけ」だからである。このように自己の道具化を拒絶する者は、同時に「自身の自由の空間を要求しており」（Höffe 241）、このような要求を自分自身で行うことができる。

それゆえ、「ひょっとしたら起こりうる自由の制限や相互的な自由の承認を可能にする存在者となる」（Höffe 242）ことができ、したがって法的関係に適した主体となりうるとされるのである。

さて、道具化の拒絶および自由の要求というこれら一連の行いは、自己自身による自己自身の承認を意味している。ヘッフェのカント解釈によれば、法的人格が成立するには、自己自身についての他者による承認ではなく、自己自身についての自己自身による承認が必要である（Vgl. Höffe 240）。他者に対して、自身の単なる道具化を拒絶することによって自身の自由の空間を要求する者は、「それぞれ自身の人格における人間性のもつ尊厳」（IX 488）を自己承認し、「他者との関係において自分の価値」（VI 236）を主張する者である。「自己を自己自身だけで法的人格として構成する者だけが、法的関係に適する主体である」（Höffe 241）。こうしてヘッフェは、カントにおいては「自分自身による行い」（Ebd.）が法の根源におかれていると解釈する。(6) すると、自己の尊厳を自己承認し自己の価値を主張することを意味する、他者に対して自己自身を単なる手段とせず同時に目的とすることが「人間性の目的の定式」（Ebd.）と呼ばれることからも明らかなように、自己を道徳的存在者として承認する者こそが、ヘッフェによれば法的人格となる資格をもっていることになる。「道徳的存在者としての人間は、法的人格として承認される権利をもっている」（Höffe 242f.）。

ケーラーの主張は、人間には人権への権利があるということは、人間が目的それ自体であるということを言えなければ、道徳的に正当化できないと同時に、人間が目的それ自体であるということを言えさえすれば、人間には人権への権利があるということは道徳的に正当化できる、ということにあった。このケーラーの主張は、以上のヘッフェの議論によってどのように説明することができるだろうか。

複数形で語られる個々の人権は、すでに一定の法的体制を前提している。こうした人権が妥当性をもつのは一定の法的体制においてであり、当該の法的体制の成員に対しては、原則としてこれらの人権が保障されている。保障されているということは、通常顕在化せず、それがとりわけ顕在化するのは、人権が侵害されたときである。当該の法的体制に属するある成員の人権が侵害されたとき、その人は侵害された人権が回復されるよう正当に求めることができる。人権侵害を訴える可能性が確保されていないのであれば、人権が保障されているとは言えない。このように各人が個々の人権をもつには、その人権を保障する法的体制が前提され、各人はその法的体制の成員であることが必要であり、またその法的体制の成員でありさえすれば、原則的に各人は人権侵害を訴えることができるのであり、人権をもつと言える。

個々の人権をもつことが、このように法的体制の成員であることに相対的であると考えうるのに対して、人権への権利は、いかなる法的体制も前提することはないとケーラーは考える。この権利は、「たとえどこかの国の市民ではないとしても」（Köhler 112）認められるものである。だからこそ、人権への権利の根拠づけは法的にではなく道徳的に試みられることになるのだろう。ところでケーラーが、「人権は、法的な形をとるという意味において、たしかに民主的な合法化を必要とする」（Köhler 113）と考えているのであれば、個々の人権をもつための権利とは、その含意するところに従えば、それら個々の人権が法的な形をとり民主的に合法化されることに対する権利であるということになるだろう。ケーラーは、注において（Köhler 112f.）、自己の見解がアーレントのものとは異なることを明らかにしている。ケーラーによれば、アーレントは唯一の人権を国家がそのすべての成員を人間として保護する法のことと理解している。そうであれば、アーレントの言う唯一の人権とは、世界人権宣言で言われるような「国籍をもつ権利」ということになる。(7) たしかにケーラーの人権への権利は人権をもつことについての権利であり、直接「国籍をもつ権利」として論じられるわけではない。しかし、ケーラーが人権は「法的な形をとる」とし、「民主的な合法化を必要とする」と考えているのであれば、そうした人権をもつことに対して権利をもつということは、必然的に、人権を保障する法的体制に対する権利をもつことを意味せざるをえないのではないか。現にケーラー自身、「人権への権利が認められるなら、民主主義への権利もまた認められなければならないと言うことができる」（Ebd.）としている。ケーラーが論じる人権への権利は、個々の人権を保障し人権侵害に際して訴えることを可能にする法的体制の成員となることへの権利を意味すると言ってもよいだろう。

求められていたのは、目的それ自体であることが人権への権利を道徳的に根拠づけるための必要十分条件であるというケーラーの議論を、ヘッフェの議論を援用することによって説明することだった。ヘッフェは、目的それ自体であることに人間の尊厳があり、道徳法則に従って自己自身を単なる手段ではなくつねに同時に目的として用いるときに、自己の道徳的存在者としての尊厳を自己承認していると論じる。このとき他者との関係において自己の価値および自己の自由が要求されているので、道徳的な自己承認とは法的人格となるための必要条件であり、また法的人格となるために自己承認に加えて他者からの承認を必要とすることはないので、道徳的な自己承認は法的人格となるための十分条件でもある。つまり、目的それ自体であることを道徳法則に合致して自己承認するとき、またそのときにかぎり、人権を保障する法的体制の成員となる権利をもつことになるので、人権への権利は、人間が目的それ自体であることによって道徳的に根拠づけられるということになる。

ヘッフェへの反論

道徳的な自己承認が、人権への権利を根拠づけるための必要十分条件であるという議論に対してただちに思いつく反論は、道徳法則に合致して自己承認ということが可能になるためには、自己が法則への合致を判定する者となりうることが想定されていなければならないが、それは困難ではないか、という点にある。すでに詳述したことがあるが[8]、ヴィトゲンシュタインの私的言語批判によれば[9]、ひとりだけでは規則に従うことはできない。それは、端的に言えば、規則に従っているかどうかを判定することのできる人が自分ひとりであるとき、規則に従っているかどうかと規則に従っているつもりかどうかの区別をすることができず、したがって何をしようとつねに規則に従っていることになり、それゆえある意味ではつねに規則に従っていないことを含意してしまうからである。道徳的な自己承認ができるためには、目的の定式に合致して、自己自身の人格のうちなる人間性を単に手段としてだけでなく同時に目的としても用いることができなければならないはずだが、このことが果たされているかどうかを、つまり目的の定式に合致しているかどうかを、原理的にひとりでは判定できないのである。問題は、実際にこの道徳法則を遵守できない場合がある、ということにあるのではない。自己承認が成立するために必要な、遵守できているということそれ自体が、理論上判定できないということにこそ問題がある。そして遵守が判定できないのであれば、自己を目的それ自体として承認することは原理的に不可能である。

ヘッフェは、目的の定式がすでに含意している「君を他者に対して単に手段とするのではなく、他者に対して同時に目的であれ」（VI 236）とするウルピアヌスにならった義務に続いて、唯一の生得的権利が論じられるという、カントの「法論への序論」における論証の順序から、「道徳的存在者としての人間は、法的人格として承認される権利をもっている」という読み方ができると考えている（Höffe 242f.）。しかしカントは、「この義務は、以下において私たち自身の人格における人間性の権利に基づく拘束性として説明されるだろう」（VI 236）と論じている。「以下において」というのは、文脈からいって生得的権利が論じられる箇所であると思われるが[10]、ヘッフェの論じるところでは、この道徳的な法義務が遵守されることによって生得的権利の主体となりうることになる。ところがカント自身の説明では、この義務は「私たち自身の人格における人間性の権利」に基づくのであって、義務が遵守されるがゆえに生得的権利が権利として認められるのではなく、生得的権利が権利であるがゆえに、義務の遵守が要求されるのである。

この道徳的な法義務と生得的権利との関係をヘッフェのように理解することが困難である傍証として、カントが「生得的自由の原理の中にすでに含まれている」（VI 238）と考えている一つの権能に関する議論を取り上げることができる。一つの権能とは、「それ自体として他者のものを侵害することにはならないことを、他者に対して行う権能」（Ebd.）であるが、こうした権能の例として、「それが真実で誠実なものであろうと、あるいは不真実で不誠実なものであろうと、他者に対して単に自分の考えを伝達すること、他者に対して何かを話すこと、あるいは約束すること」（Ebd.）への権能が挙げられる。注目すべきことは、それ自体として他者のものを侵害することにならないかぎりは、それが仮に不誠実な約束であろうと行う権能が「生得的自由の原理の中にすでに含まれている」とされている点である。というのも、不誠実は『人倫の形而上学』「徳論」において、道徳的存在者としての人間の自分自身に対する義務の最大の違反であると言われているからである。[11] 誠実性が道徳的存在者の義務であり、不誠実であることは道徳的存在者の自分自身に対する義務違反だとすると、不誠実な約束を行う者は、義務を遵守できていない自己を道徳的存在者として自己承認することはできない。このとき、不誠実な約束が他者に対して何ら損害を及ぼすことがないとしても、そのことは一切関係なく、「自分自身の人格のうちなる人間性の尊厳を損なう」（VI 429）のである。すると、ヘッフェが考えているように、道徳的存在者であることを自己承認できる者こそが生得的権利をもつにふさわしい者であるとすると、誠実であることを遵守する者こそが不誠実である権利をもつにふさわしい者ということになってしまうだろう。しかし誠実であることを遵守する者は、誠実であるがゆえに、論理的に不誠実なことはなしえない。生得的権利をもつに値するための制約として、当の権利を行使できないことが前提されるのは、まったく不合理なことではないだろうか。

ケーラーへの反論

ケーラーは、人権が時間や場所に相対的に妥当性をもったりもたなかったりするものではないことを考えるとき、人権の妥当性を根拠づけるうえで、形而上学的実在論の立場のほうが形而上学的反実在論よりも魅力的に見える可能性に言及している（Vgl. Köhler 110）[12]。ある事柄が歴史的産物であるとすると、その事柄は歴史上妥当性をもっていたりいなかったりすることになる。ある言明が歴史的であるなら、そうであることによってその言明の妥当性は失われうることになるが、歴史上なされた人権宣言の妥当性には、まさしくこのことが当てはまってしまう。しかし形而上学的実在論を採用すれば、「人権はいつでもどんな場所でも妥当性をもっていたに違いない」（Ebd.）という考え方を肯定することができる。この立場からすると、逆に反実在論では、人権の妥当性が相対的なものとならざるをえなくなるように見えるが、ケーラーは、「反実在論を相互主観主義的に解釈するなら、相対主義につながらない」（Ebd.）と言う。

相対主義につながるのは、私が正当化されていると思うことだけが正当化されているというような、主観主義的な解釈だけである。それゆえ、相互主観的な正統性の概念はつねに反実在論的に解釈されうるが、そのことはなんら相対主義を含意しない。(Ebd.)

ケーラーの議論では、形而上学的実在論を採用することなく、かつ相対主義に陥らずにすむのは、人権が相互主観的に根拠づけられる場合である。各人が別々に、したがって主観的に、ある人権について妥当性があると考えるだけでは、人権を根拠づけるにあたり反実在論を前提したうえで相対主義に陥ってしまうことになる。ケーラー自身の見解は、目的それ自体であることを人権への権利を道徳的に根拠づけるための必要十分条件とみなすことにあったが、この見解の眼目は、ヘッフェの議論を参照することによって明らかにしたように、道徳的存在者であることを自己承認することにあった。自己が目的それ自体として尊厳をもつ道徳的存在者であることを自分自身で承認する者が、人権への権利をもつにふさわしい者であるという道徳的根拠づけは、しかしケーラーが批判的に論じている主観主義的‐相対主義的な根拠づけにほかならないのではないか。人権への権利をもつにふさわしい道徳的存在者であるという承認が、他者によってなされることを必要としないのであれば、それは相互主観的なものではないことになる。人権への権利についてのケーラーによる道徳的根拠づけは、ケーラー自身の言葉に従って、形而上学的実在論を選択せざるをえないのではないだろうか。

もし形而上学的実在論を選択するのであれば、ケーラーが、人権への権利は言うまでもなく個々の人権も法的に根拠づけるだけでは不十分であると考えるのは、もっともである。人権の妥当性は個別国家に相対的なものと考えるべきではないし、人権が法によって制定される規範にすぎないとしたら、法の変更にともなって人権が失効したり廃止されたりしてしまう（Vgl. Köhler 115）。[13] たしかに人権を道徳的に根拠づけることができるなら、人権の妥当性は個別国家に相対的なものではなくなるだろうし、人権が失効したり廃止されたりすることに対して道徳的に正当な異議申し立てを行うことができるだろう。[14] しかし、このような形而上学的実在論を前提する道徳的根拠づけは、論証として説得力をもつだろうか。「法と道徳の間のある種の模写の関係というプラトン的な観念」（FG 138）[15] に形而上学を嗅ぎつけ、法と道徳の関係をポスト形而上学的に捉えるハーバーマスに関して、ケーラーは、「一定のポスト形而上学が造作なく根拠づけられたものとして……前提されている」（RM 116）と批判している。このような批判を行うということは、逆に言えば、ケーラー自身が自己の立場を形而上学的であると考えていることが憶測されるだろう。次節においては、形而上学的実在論を前提し人権を道徳的に根拠づけるという方法をとらず、「人権はもともと法理的本性をもつ」（EA 222）[16]（強調はハーバーマス）とするハーバーマスの議論を検討することにしよう。ハーバーマスの議論に従うとき、人権の妥当性はやはり個別国家に相対的なものとなってしまうのだろうか。また、人権は失効したり廃止されたりしてしまうのだろうか。

アーペルによる批判とハーバーマスによるEU論の射程

ハーバーマスはたしかに、人権の妥当性には国民国家の法的秩序を超えるものがあり、そのことが「人権に道徳的な権利であるかのような外観を与えている」（Ebd.）ことを認めている。しかしそれはあくまで外観にすぎず、「人権はもともと法理的本性をもつ」ものであると主張する。人権は、「訴訟可能な主体的権利要求の根拠となる」（EA 225）法的秩序を必要としており、人権侵害があった場合に、そのことを正当に訴えることを可能にする法的秩序と不可分なものである。もちろんケーラーもヘッフェも、前述のとおり、人権を保障するためにこのような法的秩序が必要であることは否定しないが、しかし法的秩序の成員となる制約として、まず道徳的存在者であることが必要であると考えられていた。「道徳的自律性と国家市民の自律性とは等根源的である」（FG 138）[17]と考えるハーバーマスは、それに対して、人はまず道徳的存在者でなければならず、その制約が満たされて初めて法的人格となりうるといった具合には考えない。人権への権利は、道徳的存在者であることによって初めて手にしうるものなのではなく、「市民の民主的な自己決定という実践」（FG 136）と結びついており、このような民主的な手続きを通して、個々の人権は「実定的な形態を獲得する」（FG 123）。ハーバーマスにおいては、ケーラーやヘッフェの場合とは異なり、人権への権利をもつことと個々の人権をもつこととが同時に成立する。[18] 一定の法的体制の成員であることによって各人は個々の人権をもつが、当該の法的体制が民主的なものであるかぎり、これら個々の人権とは、各成員が手続きの実践を通じてその妥当性を承認したものにほかならない。人権への権利とは、自己がもつ個々の人権を定める手続きに参加することとそのことを意味するので、個々の人権をもたないのに人権への権利をもつことや、逆に個々の人権をもつけれども人権への権利をもたないということはない。個々の人権をもつとき、同時に人権への権利もまたもっているのである。だが、このようにハーバーマスが『事実性と妥当』において「人権への権利を国民主権の原理と内的に結びつける」（Köhler 116）点を、アーペルは法原理と民主主義原理の等置（Vgl. FG 109-165）[19]の問題として批判的に捉える。

アーペルによれば、二つの事実に基づいて、法原理と民主主義原理とは区別されなければならない。一つ目の事実は、民主主義原理が法よりも「はるかに歴史的 - 偶然的な現象である」（Apel 744）ということにほかならない。世界中で、いまなお多くの国家が、リベラルな民主主義原理を受容することなく、「自分たちは法治国家である」と主張している状況が、根拠の一つとして挙げられている（Vgl. Ebd.）。ここでの問題と関係するのは、しかしより原理的な議論と結びつけられる二つ目の事実である。

……人道主義的 - 理想主義的なアスペクトのほかに、〈民主主義的原理〉は——あらゆる他の国家原理と同様に！——特殊的な権力システムの政治的な自己維持というアスペクトも含意している。そして民主主義的原理のこうした政治に固有のアスペクトはそれとして、法を通じてなされる特に国内政治に関連する国家権力の発動……という……局面を含意しているだけではない。

それと並んで、諸国家による特に外交に関わる自己維持という……局面も……成立している。そしてこの後者の局面は、今日もなお相変わらず広範にわたって、主権をもった権力システム間の〈自然状態〉という法のない空間と結びついている。（Apel 745）

国内政治という見地においては、民主的に統合された意志を前提する法が妥当することには、少なくとも原理的には問題はないだろう。この見地においては、一つの法的共同体の成員たちの意志が統合されることに基づく法が、当該の成員たちに妥当することになるからである。しかしこうした法的共同体は、他の法的共同体との関係からすれば、特殊な権力システムである。他の民主的な法的共同体においても、その共同体の成員たちの意志は民主的に統合されているが、まさにそうであるがゆえに、個々の法的共同体は相互にとって特殊な存在者として現れることになる。こうした特殊な権力システムの自己維持が問題となるのは、外交のパースペクティヴにおいてである。なぜなら、それぞれの法的共同体には統合された意志として主権が備わっており、これらの法的共同体それぞれがもつ法に優越し、これらの法的共同体の間に秩序を与えるような法は存在しないからである。法的共同体同士がまだ自然状態にあるということは、それぞれの法的共同体が自己維持のために正しいと考えることを行いうるということであり、それぞれの法的共同体が自己の行為の正しさを決めうるということである。「国家市民の自律性は、諸国家のもとで一つの国家が権力政治的に自己維持を果たすうえで構成的に働き、こうした働きを脱することはできない」（Apel 747）。結果的に、「他の個別国家を犠牲にして一つの個別国家の自己維持がはかられる」（Apel 748）ということは大いにありうるだろう。国家間の関係が、「自己主張する世界経済システムの物的な強制力によって条件づけられているように思われる」（Apel 745）のであれば、なおさらである。

アーペルによる批判は、ハーバーマスが法原理を民主主義原理と等置することによって「人権はもともと法理的本性をもつ」という主張に裏づけを与えようとすることに向けられている。二つの原理が等置されることによって、それぞれの法的共同体の内部においては人権が保障されることになるが、しかしそれぞれの法的共同体は対外的には自己維持システムであり、この見地からするとそれぞれの法的共同体の外部としての他の法的共同体の成員がもつ人権が保障されるかどうかは、まったく定かではない。こうした問題があるため、アーペルは「人権はもともと法理的本性をもつ」ことに異議を唱え、法の根底に道徳を置き、法を道徳によって根拠づけようとする（Vgl. Apel 736）[20]。人権は、道徳によって正当化される権利として捉えられる。詳述は控えることとして、上述のケーラーの議論を参照すると、アーペルによる解決方法は主観主義的－相対主義的な根拠づけに陥る可能性があるだろう。ところが主観主義的－相対主義的な根拠づけの問題こそは、アーペル自身がハーバーマスによる法原理と民主主義原理の等置のうちに認めていた問題そのものなのである。

したがって、アーペルによる批判に応え、かつ「人権はもともと法理的本性をもつ」という主張を維持するためには、法原理と民主主義原理の等置を個別国家を超えたレヴェルで考えなければならない。妥当性に関して個別国家の法の上位に位置づけられ優先的に適用される民主的な法が、考えられなければならないということである。かつてハーバーマスは、古典的な国際法から世界市民法へという発展を念頭におき、個別国家の主権を相対化しつつ、人権政治を貫徹する方向性をよしとする主張を行ったことがあった。言うまでもなく、ＮＡＴＯ軍によるコソボ空爆を支持する悪名高い論文においてである。[21] 目的が手段を正当化するかのような議論の展開は、言うまでもなく問題であるが、個々の国家のもつ主権を相対化しつつ人権に妥当性を与えようとする主張の方向性には評価されるべきものがある。ただしこの論文においては、こうした主権の相対化がどのようにして行われうるのか、説明が与えられているわけではない。以下では、世界市民的体制を視野に入れたうえで論じられるハーバーマスのＥＵ論[22]を参照したい。

法原理と民主主義原理の等置が問題となるのは、それが個別国家においてのみ考えられている場合である。二つの原理が等置されているとき、強制する法律の名宛人が同時にその書き手であり、当該の法的共同体に帰属する市民が法を遵守するのは、単にサンクションの威嚇があるからだけではなく、少なくとも理念的には、法が「民主的に制定された」（VE 57）[23]からである。たしかにこうしたことは、理論上、個々の民主的な法治国家においては実現されており、それぞれの国家の各成員の人権はそれぞれが帰属する国家によって保障されることになる。しかしだからといって、これは個々の民主的な法治国家においてのみ、実現可能なことであるということにはならない。「人民主権というものは概念的に国民主権に依存している」（VE 48）わけではない。人々は、一つの国家の成員として保障されている公的自律性が損なわれることなく、他の国家の成員――むろんこの成員のもつ、すでに保障されている公的自律性も損なわれることなく――と共同で、それぞれの国家の法に妥当性に関して優越する法を制定することも考えうるからである。(24)

問題は、憲法を制定する……主体において、「根源的に」――ジェームズ・マディソンが考えていたように――憲法制定の過程を通じて自己に連合の市民の権限をみずから付与する加盟国(Gründungsstaaten)の市民が再認識されるのか、それとも憲法を制定する主体がそのまま将来の連合の市民であるのか、ということにあるのではない。(VE 67f.)

EUのような公共体の憲法を制定する主体は、加盟国の市民であるのか、それとも連合の市民であるのか。ハーバーマスは、このような「不幸な二者択一」(VE 68)を斥ける。既述のように、個別国家の次元において、人々のもつ私的自律性と公的自律性が同時に成立すると考えるハーバーマスにあっては、EUのような公共体の次元においても、最終決定の権限を各国家の成員としての個人に帰するか、それとも連合の成員としての個人に帰するか、いずれか一方に求めることは、誤りだということになる。前者の場合、私的自律性を公的自律性に優先することになり、後者の場合、公的自律性を私的自律性に優先することになってしまう。言うまでもなく、歴史的には個々の国家がすでに設立されたあと、初めて連合が形成されたのであるが、しかし個々人の成立と国家の成立が同時であるように、連合の加盟国と連合は、同時に成立するのである。それゆえハーバーマスは、アーミン・フォン・ボーグダンディから引用して言う。超国家的な公共体が民主的な性格をもつとすれば、「理論的により説得力があるのは、（同時に）国家の市民でありかつ連合の市民である個人だけを、正統性のための唯一の主体として構想することである」（VE 67）[25]。

連合に加盟するそれぞれの国家の成員は、それぞれの国家が民主的な国家であるかぎり、すでに民主的に制定された法に従っている。にもかかわらず、こうした法に優先される連合の法が、これらの成員が何らかの仕方で関与することなく定められるとしたら、これらの成員はみずからが書き手ではない法を遵守しなければいけないことになる。このとき、連合の法の遵守は、民主制に反した仕方で行われている。したがって、ハーバーマスが描くシナリオは、同一の人格が、「連合の市民としての役割と諸国民の内の一つの国民に帰属する者としての役割」（VE 67）において、「ヨーロッパ市民のパースペクティヴと一定の国民に帰属する者のパースペクティヴ」（VE 68）をとり、連合の法を制定するプロセスに参加するというものである[26]。こうしたシナリオによって、連合の法は、それが連合に加盟する個々の国家によって――少なくとも理論上は――すでに保障され実現されている市民の自由を侵害するものではないかぎり、各国家において優先的に妥当性をもつことに関して正統化されうることになる。一つの人格の内で「主権が分割されること」（VE 72）によって、加盟国が無条件に、ではなく、一定の留保とともに、しかし共通の法のもとにおかれることが正統化されるのである[27]。

＊　＊　＊

もちろん、一つの人格の内で主権を分割したからといって、アーペルが指摘したような各国家が自己維持システムであることの問題がただちに克服されるわけではないだろう。相変わらず、共通の法は各国家の権力政治が反映されたものにすぎず、その結果共通の法によって弱小国家の主権が脅かされるということもありうるに違いない。ハーバーマスは、ＥＵが現在抱える制度上の問題を指摘し修正すべき方向性を示すとともに、主権の分割が効果的になされるうえで鍵を握るのは「連帯」であるとしている（Vgl. VE 73ff.）。さらに、仮にこうした仕方で問題が解決されたとしても、それは単にＥＵの問題が解決されただけであり、世界というよりグローバルな次元から見れば、ＥＵは複数ある法的共同体の一つにすぎない、という批判がありうるだろう。こうした批判のパースペクティヴからすれば、ＥＵもやはり一つの自己維持システムにすぎず、「人権はもともと法理的本性をもつ」というテーゼがはらむ問題は、結局のところ解決できていないということになるかもしれない。言うまでもなくハーバーマスは、ＥＵ論の続きには「政治的に体制化された世界社会という思想」（VE 83）があるとして、一つの共通の法というアイディアと主権の分割というアイディアを世界市民的共同体を論じるうえで参照できると考えており、実際に本稿で扱ってきた論考の最後の節は「国際的な共同体から世界市民的共同体へ」というタイトルのもと、「グローバルな安全保障政策およびグローバルな人権政治」（VE 94）という課題を果たす世界組織について論じている。ここでは、こうした議論の成否を吟味する余裕はないが、「市民と国家が協力して憲法を制定するという、ＥＵという実例において展開される考え方が、既存の国際的な諸国家共同体が……世界市民的な共同体へと完成しうる方途を示してい

る」（VE 86）と論じるハーバーマスのEU論の射程が、EUの問題にとどまるものではないことは明白である。(28)

最後に、人権を法的権利として理解し、その妥当性を法的な根拠づけの手続きに依拠させることに対して、ケーラーが指摘した問題について一言しておかなくてはならない。ケーラーの問題は、人権の妥当性は個別国家に相対的なものとして考えるべきではないということと、人権が法的権利であり法的な根拠づけの手続きに依拠するなら、それは失効したり廃止されたりしてその妥当性を失う可能性が生じるのではないかということにあった。一つ目の問題について言えば、すでに個別国家を超えたレヴェルでの法的共同体が考えられているのだから、人権が法的権利であり法的な根拠づけの手続きに依拠するとしても、その妥当性は個別国家に相対的であるということにはならないと答えることができるだろう。二つ目の問題に対しては、その可能性は否定できない、と答えるしかない。しかし人権の妥当性を手続き主義的に考えるとすれば、人権が失効したり廃止されたりする可能性は避けて通れないことだろう。もちろん、手続きに際して、例えば排除されてはならない誰かを排除するようなことがあれば、手続きのあり方そのものが批判的に論じられなければならない。だが、失効してはならない人権や廃止されてはならない人権が何であるかを、手続きからは離れて、場合によっては形而上学を援用して哲学的に先決してしまうことは、「哲学的パターナリズム」（EA 119）である。失われるべきではないと考えられるような人権が失効する危機にあるとすれば、重要なことは、当該の人権を形而上学的に根拠づけることではなく、失効の危機にあることを公共圏において広く訴えることだろう[29]。それは、いまだ認められてはいない人権を人権とする場合と同様である。それとして認められていなかった権利が言論のもつ力によって人権とみなされるようになるとき、それ以前の人権概念のもつ「イデオロギー的機能[30]」が暴露されることになる。しかし人権の妥当性とは、開かれた公共圏の存在を前提したうえで、法的手続きを通して、そのつど更新され続けていくよりほかにないものなのではないだろうか。

*この論文は、以下の拙稿をもとに、加筆修正したものである。Yasuyuki Funaba, Sind Menschenrechte als moralische Rechte oder als juridische Rechte zu verstehen?, in: *Philosophia OSAKA* (Osaka University) Nr. 9, 2014, S. 81-90, ders., Lassen sich Menschenrechte mit der moralischen Selbstanerkennung begründen?, in: *Philosophia OSAKA* (Osaka University) Nr. 10, 2015, S. 49-58.

【注】

（1）Georg Lohmann, Menschenrechte zwischen Moral und Recht (=Lohmann), in: S. Gosepath, G. Lohmann (Hg.), *Philosophie der Menschenrechte*, Suhrkamp, 1998.

（2）なおローマン自身は、人権を道徳的な権利とみなすトゥーゲントハットの議論、およびこれとは対照的に人権を法理的な権利とみなすハーバーマスの議論を検討し、いずれの議論にも長所および短所を見出したのち、独自の見解を展開している。Vgl. Ernst Tugendhat, *Vorlesungen über Ethik*, Suhrkamp, 1993, Jürgen Habermas, *Faktizität und Geltung*, Suhrkamp, 1992.

（３）Wolfgang R. Köhler, Das Recht auf Menschenrechte(=Köhler), in: Hauke Brunkhorst, Wolfgang R. Köhler, Matthias Lutz-Bachmann (Hg.), *Recht auf Menschenrechte*, Suhrkamp, 1999.（ハウケ・ブルンクホルスト、ヴォルフガング・R・ケーラー、マティアス・ルッツ＝バッハマン編、舟場保之、御子柴善之監訳『人権への権利』大阪大学出版会、二〇一五年）　ケーラーはほかに、法的な根拠づけ、歴史的な根拠づけ、政治的な根拠づけを挙げているが、最も重視しているのが道徳的な根拠づけである。Vgl. Ebd. なお、注（１）に挙げた論集には、人権を道徳的に根拠づけようとする論考が数多く収められているが、同じ方向性をもつものとして、以下も参照せよ。Matthias Lutz-Bachmann, Die Idee der Menschenrechte angesichts der Realitäten der Weltpolitik: Eine Reflexion über das Verhältnis von Ethik und Politik, in: Jan Szaif, Matthias Lutz-Bachmann (Hg.), *Was ist das für den Menschen Gute?*, Walter de Gruyter, 2004. また、反対の方向性をもつものとして、ローマンやアンドレアス・ニーダーベルガーらが寄稿する以下のものがある。*MenschenRechtsMagazin*, Heft/2, Universität Potsdam, 2012. なお、ニーダーベルガーの論考は以下に再録されている。Andreas Niederberger, Gibt es Menschenrechte ohne Bürgerschaft?, in: *Philosophia OSAKA* (Osaka University) Nr. 8, 2013, S. 1-21.

（４）Otfried Höffe, *Kants Kritik der praktischen Vernunft* (=Höffe), Verlag C. H. Beck, 2012.

（５）カントの著作からの引用は、アカデミー版カント全集に基づき、巻数をローマ数字、頁数をアラビア数字で表記し、丸括弧を用いて本文中に挿入する。

（６）「法において重要なのは他者との関係であるが、根源にあるのは社会関係ではなく自己関係であり、したがって他者に対する義務ではなく、自己自身に対する義務である。」（Höffe 242）

（７）ただし「権利の唯一の源泉は……ネーションであるように思われる」（466）という言葉を厳密に理解するとともに、ここで言われている「ネーション」が「ネーション＝ステート」の「ネーション」であることを考え合わせると、「諸権利をもつ権利」（462）としての「国籍をもつ権利」それ自身も、国籍を前提することになるだろう。この問題をアーレントがどのように考えているのかは不明である。Vgl. Hannah Arendt, *Elemente und Ursprünge totaler Herrschaft*, Piper, 1986.

（8）以下の拙稿を参照。「カントにコミュニケーション合理性を読み込む可能性について」御子柴善之、檜垣良成編『理性への問い』晃洋書房、二〇〇七年、一二四頁以下。

（9）Vgl. Wittgenstein, L., Philosophische Untersuchungen, in: *Werkausgabe*, Bd. 1, Suhrkamp, 1984, S. 202.

（10）『世界の名著三十九　カント』（中央公論社、一九七二年）に収められている『人倫の形而上学』の邦訳（訳者は、加藤新平および三島淑臣）でも訳注がつけられ、「後出『法論の区分』Bにおける『生得的権利はただ一つである』の項……を参照」（363）とある。なお、その「項」では、「自由……は、それが他のだれの自由とも普遍的法則に従って両立できるかぎりで、その人間性ゆえに万人に帰属する唯一の根源的な権利である」（VI 237）と言われている。

（11）Vgl. VI 429. なおここで、道徳的存在者としての人間の自分自身に対する義務は、人間の「自己の人格における人間性」に対する義務とも言われている。

（12）また、ケーラーは以下の論集において序論と論文を書き、実在論と反実在論に関する論考を公にしている。Forum für Philosophie Bad Homburg (Hg.), *Realismus und Antirealismus*, Suhrkamp, 1992.

（13）ローマンも「人権を国家において制定される権利へと実定化することは、実定化とともに特殊化がともなうことを意味する」（Lohmann 91）と指摘するが、ケーラーによれば、「人権はXという国家においてのみ妥当するべきではない」（Köhler 114）。

（14）ことによると、この議論は市民的不服従を道徳的に根拠づけることを意味するかもしれない。しかし一定の法に違反しながら行われる抗議活動が、他のいかなる法規範に照らしても正当化されることがないとしたら、それは単なるテロリズムとどれほどの違いがあると言えるだろうか。

(15) Jürgen Habermas, *Faktizität und Geltung* (=FG), Suhrkamp, 1992.

(16) Jürgen Habermas, *Die Einbeziehung des Anderen* (=EA), Suhrkamp, 1997.

(17) なお、「等根源的」（gleichursprünglich）というのは、両者が根拠づけ関係や導出関係にはないということであり、どちらかがどちらかを根拠づけたりどちらかがどちらかから導出されたりすることはない、という意味である。

(18) ここにはあるのは、ことによると次のような問題であるかもしれない。「……権利とは、すでに一つの対象についての知性的な占有のことであり、占有を占有すると言えば、それは、無意味な表現だろう……」（VI 249）。ある事柄に対して人権があるのなら、当該の人権に対する権利があるという言い方は、カントに従えば無意味ではないだろうか。

(19) また、以下においてアーペルの批判に対する応答がなされている。Habermas, *Zwischen Naturalismus und Religion*, Suhrkamp, 2005, S. 84-105.

(20) また、拙稿「『任意の、いつでも解散できる』会議へ向けての考察」『メタフュシカ』第四四号、大阪大学大学院文学研究科哲学講座、二〇一三年、四頁以下、参照。

(21) Jürgen Habermas, Bestialität und Humanität, in: Reinhard Merkel (Hg.), *Der Kosovo-Krieg und das Völkerrecht*, Suhrkamp, 2000. 内村は、以下においてハーバーマスの議論を詳細かつ批判的に論じている。内村博信『討議と人権　ハーバーマスの討議理論における正統性の問題』未來社、二〇〇九年、七～三一頁。また、前掲拙稿六頁以下、参照。

(22) Jürgen Habermas, Die Krise der Europäischen Union im Lichte einer Konstitutionalisierung des Völkerrechts - Ein Essay zur Verfassung Europas, in: ders., *Zur Verfassung Europas: Ein Essay* (=VE), Suhrkamp, 2011.

(23)「民主的な自己決定が意味するのは、強制する法律の名宛人が同時にその書き手であるということである。」

（VE 49）

（24）ハーバーマスは、この点に関して戦略的とも見えるほどに楽観的に論じている。「領域が拡張されるだけで、したがって参加者全体が単に数的に増加するだけで、複雑性は変容するが、意見形成のプロセスや意志形成のプロセスの質は、かならずしも変容するわけではない。したがって、社会的‐空間的局面における量的な変容が手続きそのものを無傷のまま維持するかぎり、すなわち協議と受容を損なわないかぎり、人民主権を制限することにはならないのである。」（VE 54）

（25）Armin von Bogdandy, »Grundprinzipien«, in: Armin von Bogdandy/Jürgen Bast (Hg.), *Europäisches Verfassungsrecht. Theoretische und dogmatische Grundzüge*, Heidelberg: Springer 2010, S.64.

（26）「ヨーロッパの次元において、市民は同時かつ同等に、連合の市民としてかつ国民に帰属する者として、その判断を形成し、政治的に決定できることになる。すべての市民は、ヨーロッパの意見形成プロセスおよび意志形成プロセスに、自律的に「はい」および「いいえ」を言う単独のヨーロッパ人として、また一定のネーションに帰属する者として、参加する。」（VE 69）

（27）ハーバーマスが、加盟国のもつ一定の留保の根拠を、共同体主義とは異なってそれぞれの歴史性を帯びた文化的‐地域的独自性に求めるのではなく、すでに民主的な法治国家として「法と自由の保証人」である点に見出していることは、やはり重要だろう（Vgl. VE 72f.）。

（28）ハーバーマスは、——ある意味では当たり前のことだが——世界市民を単なるメンタリティの問題や道徳の問題として考えているのではない。単なるメンタリティの問題や道徳の問題として考えてしまうと——しかしこのような捉え方は数少なくない——重要なのは、単に個人の心のありようにすぎないということになってしまう。ハーバーマスは、世界市民をシティズンシップの問題として考えているのである。こうした考え方は、アクチュアルな状況において「人権はもはや個別国家的な意味でのシティズンシップを指し示してはいない」とするニーダーベルガーの議論に接続させることが可能かもしれない（Vgl. Niederberger, a. a. O., S. 19.）。また、石川求、寺田俊郎編『世界市民の哲学』（晃洋書房、二〇一二年）を参照。

(29) 以下の論文では、カント哲学に接続しながら、「権利侵害の訴えとして行使される言論の自由について検討」がなされている。金慧「カント哲学における言論の自由」『社会思想史研究』No. 38, 二〇一四年、九五頁以下。また、姜尚中、齋藤純一編『逆光の政治哲学』（法律文化社、二〇一六年）を参照。

(30) Jürgen Habermas, Der interkulturelle Diskurs über Menschenrechte, in: Hauke Brunkhorst, Wolfgang R. Köhler, Matthias Lutz-Bachmann, *Recht auf Menschenrechte*, Suhrkamp, 1999, S. 217.

第五章　カントにおける法と強制

石田京子

一般的に言うならば、強制は、義務を果たそうとしない人に対して外部から彼の意思に反してその履行を強いることを指す。法的強制は、権利を侵害しようとする者に対してそれをやめさせるための予防手段とみなされることがあり、しばしば警察機能や刑罰との関連において理解されている。私の所有物を盗もうとする人に向けて「警察に通報する」と告げることは、逮捕されたり刑罰を科されたりするかもしれないという危惧を通じて、犯罪の抑止として機能するだろう。これらの場合、他人のものを盗んではならないという法の義務は、みずからの不幸や不快さを避けるための一種の仮言命法として履行されることになる。

カントにおける法と道徳（倫理）の関係を論じるにあたっても、強制は、法に特有のメルクマールであると考えられてきた。というのも、カントによれば、法義務はその履行を強制することが許される義務であるのに対し、倫理の関わる徳義務は、強制が不可能な義務と定式化されるからである。

カントは、法と強制とのこの密接な結びつきを、『人倫の形而上学』「法論への序論」Dでは、以下のように定式化している。

> ある作用の妨害に対置される抵抗は、この作用の促進であり、この作用に一致する。さて、不正とされるものはすべて、普遍的法則に適う自由の妨害である。だが、強制は、自由に対してなされる妨害ないし抵抗である。したがって、自由のある使用がそれ自体普遍的法則に従う自由の妨害である（つまり不正である）のなら、そのような使用に対置される強制は、自由に対する障害の防止として、普遍的法則に従う自由と調和する。つまり正しい（recht）。したがって、法には同時に、法を侵害する者を強制する権能が、矛盾律に従って結びついている（AA.VI. 231）[1]。

ある行為が普遍的法則に適う自由と調和するなら、そのような行為は正しい。反対に、不正は、「普遍的法則に適う自由の妨害」と定義される。ここからカントは次のような推論を進める。もし「普遍的法則に適う自由の妨害」を防止するような作用が存在するのであれば、それはすなわち不正を防止するので、正しいということになる。ここから法と強制権能の結合が生じるのだという。

「法論への序論」Dに記述されている、法と強制のこのような密接な結びつきは、多くのカント研究者たちを悩ませてきた。すなわち、「法論」で外部的強制に基づく義務履行がカントによって容認されているせいで、彼の哲学における法と道徳の連続性（これは『人倫の形而上学の基礎づけ』『実践理性批判』と『人倫の形而上学』、特に「法論」との連続性でもある）は、昔から疑念の目を向けられてきた。なぜなら、他の人を強制すること、そして他の人に強制されて義務を履行することの容認は、義務が義務ゆえになされなければならないという思想、そして自律の理念と衝突するかに思われたからである。

本稿の目的は、カントが法と強制をどのように結びつけているのかを、「法論への序論」DとE、そして続く付論での議論（AA.VI. 231-236）に基づいて明らかにすることである。そのために第一の節では、強制を、義務を履行するための動機（あるいは動機づけの手段）として位置づけている解釈を説明する。第二の節以降で、第一の節での解釈に対する批判とその根拠を提示する。第二の節では、「法論への序論」Dの読解を通じて、カントの強制が、たとえ不同意であってもある行為をなすよう他の人を義務づける権能（これをカントは強制権能と呼ぶ）との関連で説明されており、動機づけとは関わりがないことを示す。第三の節では、「法論への序論」E本文の議論を検証し、すべての人が相互に強制する権能をもつことを示すものとして、その議論を解釈する。第四の節では、「法論への序論」E注を検討し、そこで「法の概念の構成」と呼ばれているものが、法と強制に関してどのような説明を新たに付加しているかを、カントの以前の著作や講義録との比較に基づいて明確にする。

動機としての強制

カントは『人倫の形而上学』のなかで、理性の立法を倫理的立法と法的（法理的）立法に区分している。それによれば、「ある行為を義務にし、同時にこの義務を動機とする立法は、倫理的である。しかしながら、この義務を動機とする後者の条件を法則のうちに含まず、したがって、義務そのものの理念以外の他の動機をも許す立法は、法理的である」（AA.VI. 219）。この引用からすると、倫理と法とを区分するカギとなるのは、動機であるように思われる。そしてたしかにケアスティングは『自由の秩序』において、強制を、理性の法的立法を特徴づける重要な要素として説明している。[2]

ケアスティングによれば、純粋実践理性の法的立法は、何をするのが正しい（recht）のかを判定・認識するための原理を提供するが、「遂行の動機を規範化[3]」すること、つまり、法の義務が義務ゆえになされねばならないと命じることを断念する。その結果、法的立法には、法義務を遂行する際の動機に関わらないという契機が与えられるのであって、ここに倫理的立法とは異なるものとして法的立法が特徴づけられている。

動機に関わらないという、法的立法のこの契機は、強制が法哲学において正当化される際の根拠とされる。すなわち、強制は、「義務から（aus Pflicht）」というカント倫理学ではおなじみの動機からではなく、法的な「法則を遂行する動機[4]」であるかぎりで、正当化されるのである。もしいかなる動機もなければ、法は非常に無力なものとなってしまうだろう、とケアスティングは論じている。

さらにケアスティングは、この強制が「自己愛」と結びついていると考える。つまり、強制自体が義務を遂行するよう強要するのではなく、人が強制を予想することによって、もし義務を果たさなかったら科せられるであろうペナルティを計算に入れて行為を決定することになり、その結果、人は義務を果たすことになる。強制によって人は利己的でありながら、法の義務を果たすことに成功する。法義務の動機としての強制を認めるということは、「自律思想からの逸脱、すなわち他律的な義務遂行の可能性」(5)がカント法哲学のうちに存在するということだと、ケアスティングは考える。だが、法の原理や義務が成立するためには、強制の正当化は避けることができないのだという。

このような見解は、カント法哲学の現代の研究においても一定の支持を獲得している。(6)例えば、ヴィラシェクの論文には、「厳密な法は、普遍的法則に従ったすべての人の自由と一致する全般的・相互的強制の可能性としても表象されうる」というカントの言葉を、「そこにおいてすべての合法的行為が強制力によって強要されるような（coercively enforced)、すなわち、そこにおいて脅しや拘留、治安対策などが法の侵害を心理的・物理的に不可能にするような、法・権利の完全な実現を想像することが可能である」(7)ことを示すものと説明している箇所がある。そしてその理由を、ヴィラシェクは次のように述べている。「カントの法概念に暗黙に含まれている洞察は、次のようなものである。すなわち、法が倫理的動機や法則への尊敬からの自発的服従を要求できないし、要求してはならないとしても、法の支配や法的状態は、人々が通常法則をそれ自体で尊敬するよう倫理的に動機づけられない社会においては、完全には実現しえない」(8)。以上の説明において、強制は、不正な行為へ至ろうとする他の人の動機を絶つ手段としての役割を負わされているように思われる(9)。

このような解釈は、一般に法と強制との関係に対して抱かれているイメージにかなり近いものであろう。以下では「法論への序論」の記述をもとに、このような解釈の妥当性を検討する。

法の概念と矛盾律に従って結びついている強制

カントは「法論への序論」Dのなかで、つまり法論の最高原理である「法の普遍的原理」が同Cで提示された直後に、強制についての説明を展開している。本稿のはじめに提示した、当該箇所の引用を、再度ここでも取り上げよう。

> ある作用の妨害に対置される抵抗は、この作用の促進であり、この作用に一致する。さて、不正とされるものはすべて、普遍的法則に適う自由の妨害である。だが、強制は、自由に対してなされる妨害ないし抵抗である。したがって、自由のある使用がそれ自体普遍的法則に従う自由の妨害である（つまり不正である）のなら、そのような使用に対置される強制は、自由に対する障害の防止として、普遍的法則に従う自由と調和する。つまり正しい（recht）。したがって、法には同時に、法を侵害する者を強制する権能が、矛盾律に従って結びついている。（AA.VI. 231）

法には「法を侵害する者を強制する権能」が、矛盾律に従って結びついている。ここでの引用のなかには、さしあたり三つの項を見て取ることができる。すなわち、一つは〈普遍的法則に従う自由〉であり、もう一つは〈普遍的法則に従う自由を妨害する、自由のある使用〉であり、三つ目は、〈普遍的法則に従う自由に対する障害の防止〉である。強制は、自由に対してなされる妨害ないし抵抗であるので、この三つのうちの二番目と三番目が強制であり、かつ、二番目を不正な強制、三番目を正しい強制とみなすことができる。当然ながら、法と結びついているのは、三番目の強制である。ところで、この三つの項はどのような関係になっているのだろうか。法の普遍的原理の定式を見てみよう。

ある行為が、あるいはその行為の格率に従う各人の選択意志の自由が、すべての人の普遍的法則に従う自由と両立できるのなら、その行為はどれも正しい。（AA.VI. 230）

この原理からは、すべての人の自由が普遍的法則に従って両立している状態が正当であることを導き出すことができ、しかもあらゆる法や権利の試金石となっていることがうかがえる。法の普遍的原理のなかでは、自由や権利の一致や両立、衝突の不可能性が、含意されている。カントによれば、法のこのような概念に、強制の権能が矛盾律に従って結びついていることになる。

Dの三項に戻ろう。一番目の〈普遍的法則に従う自由〉は、法の普遍的原理により、本来的に正しいとされる自由である。それに対し、二番目と三番目の項は、実際にはある人の選択意志の自由が他の人の選択意志の自由と両立するようにはかならずしも行使されないということを表している。つまり、私の自由の使用は、他の人の自由を侵害する可能性がある。そのときに、私の自由の使用は、他の人に対しては強制として表象される。

例を挙げてみよう。私が目の前のリンゴを自分のものだと考え、それを食べようとする。そのことによって私は他の人がそのリンゴを食べることを妨げることになるが、他の人がそのリンゴが私のものであることを承認するのなら、そこに何の衝突も起こらない。そこでは自由の侵害はない。しかし、他の人がそのリンゴが自分のものであると主張するならば、リンゴの帰属をめぐって意見の衝突が生じることになる。そして、もしそのリンゴについての私の主張が正しいのであれば（つまり、普遍的法則に従うすべての人の自由と両立するのであれば）、他の人は私の見解にいやいやながらであれ、従わなければならない。それゆえ、強制とは、何が法的に正しいのかをめぐって自他のあいだに衝突が生じるときに、ある人の主張が他方に対して表象される仕方のことなのである。

以上のことから、カントの強制（正確に言えば、強制権能）は、法義務を遂行する際の動機としてではなく、法義務を他の人に課す可能性として正当化されている、とみなすことができる。[10]そして法と強制権能が矛盾律に従って結合しているとは、合意がないにもかかわらず他の人に対して義務的行為の遂行を要求することの正当性が法にあるということであり、このことが法を倫理とは異なるものとする。これに対し、倫理学が扱う徳義務の場合、他の人に対してある行為の遂行を義務づけるという意味での、このような強制権能は見られない。仮に他の人のリンゴを食べてはならないというのが徳義務であったとすれば、他の人のリンゴを食べてはならないという義務自体は成立するが、その場合、義務づける主体は私自身であって、他の人ではないということになるだろう。法と強制は、動機づけではなく義務づけとその主体という観点において、関連をもつのである(11)。

法と相互強制

カントは強制権能を、「法論への序論」Eでさらに次のように説明する。

〔「厳密な法はまた、普遍的法則に従う自由と一致する全般的・相互的強制の可能性としても表すことが可能である」という〕この命題は、次のことを主張しようとしているだけである。すなわち、法は、法則に従う拘束性と、自分の選択意志によって他人を拘束性の下に入るよう強制する者の権能という二つの部分から合成されると考えてはならない。そうではなく、法の概念は、すべての人の自由と普遍的・相互的強制との結合可能性のうちに考えることができる、ということである。そこで、法一般がただ行為において外的なものを対象とするのみであるように、厳密な法は、つまり倫理的なものが何も混入されていない法は、選択意志の規定根拠としてただ外的なもの以外を要求しない。というのも、その場合に法は純粋であり、いかなる徳の指令とも混同さ

れないからである。したがって、厳密な（狭い）法は、単に、完全に外的な法と呼ぶことができる。（AA.VI. 232）

この引用に出てくる「倫理的なものが何も混入されていない法」の概念を、ケアスティングは、法を遵守する仕方（動機）という観点において法の道徳的概念から区別された概念とみなしている。[12] つまり、法の道徳的概念[13]は、法義務が義務ゆえになされる可能性を排除しないのに対し、厳密な法の概念は、そのような倫理的動機に基づくことなく法というものが遂行されうることを表すものとして考えられているのだという。もしそうだとすれば、「法論への序論」Eで語られている強制は、動機として捉えられていることになる。

しかしながら、カントがこの厳密な法に関して述べようとしていることは、そのようなことではない。続く「法論への序論の付論」において、カントは次のように述べている。

狭い意味におけるすべての法（ius strictum）は、強制する権能と結びつけられている。しかし、強制する権能が法則によって規定できない、広い意味における法（ius latum）をさらに思いつくことができる――真のものか見せかけにすぎないのかはともかく、このような法は二つある。衡平と緊急権である。（AA.VI. 233f.）

カントは狭義の法と広義の法とを分け、法と強制が結びつけられていない広義の法の事例として、衡平（強制なき法）と緊急権（法なき強制）を取り上げており、いずれもが客観的な権利が存在すると誤ってみなされているものであると結論づけているのだが（AA.VI. 233-6）、ここで狭義の法は、ラテン語で〈厳密な法〉を表す単語（ius strictum）で補われている。この厳密な法概念に対置されるのは、〈広義の法、あるいは緩やかな法〉（ius latum）なのであって、直接には徳との対比において語られているのではない。

それでは厳密な法の言い換えである、「倫理的なものが何も混入されていない法」とは何を表しているのであろうか。

法は一般に「行為において外的なもの」に関わるが、「厳密な法」すなわち「倫理的なものが何も混入されていない法」は「選択意志の規定根拠としてただ外的なもの以外を要求しない」。このことに関連し、カントは同じく「法論への序論」Eで、次のような例を示している。ある債権者が債務者に支払いを要求する権利をもっているということは、債権者が債務者に、債務者自身の理性が負債の支払いをするよう拘束していると思い至らせるということではなく、支払いを強制することが普遍的な外的法則に従って万人の自由と両立できるということである。つまり、権利をもつということは、相手がみずからに対して道徳的にふるまうことを期待できるということではない。それは、「自分の選択意志によって他人を拘束性の下に入るよう強制する者の権能」が、すべての人の自由と両立するということである。

それゆえ、「法論への序論」Eで論じられているカントの強制もまた、義務を遂行する際の動機とみなしうるものではない。カントが「法には同時に、法を侵害する者を強制する権能が、矛盾律に従って結びついている」や「法の概念は、すべての人の自由と普遍的・相互的強制との結合可能性のうちに考えることができる」と述べるときに念頭にあるのは、法義務を果たす際の動機の種類がいかなるものであるか、ということではない。「法論への序論」Dと同様、Eでもまた、法義務が義務の意識以外を動機とすることを許すかどうかという、動機に関わる問題が、カントによって積極的に語られることはない。法が「いかなる徳の指令とも混同されない」のは、その場合に法が他の人から課される強制として理解されるからである。

「法は、法則に従う拘束性と、自分の選択意志によって他人を拘束性の下に入るよう強制する者の権能という二つの部分から合成されると考えてはならない」。法の義務は、つねに強制権能を伴わなければならない。「他の人のものを盗むな」という義務の拘束性は、私の許可なく私のものを使用あるいは保持しようとする人に対して、私のものを取らないようにという強制としてもみなされうるのでなければならず、この両者を分離して考えることはできないのである。ところで、「法論への序論」Dで見たように、強制は権利の主張において相互に不一致があるときに、義務が相手方に対して表象される仕方であった。「普遍的法則に従う自由と一致する全般的・相互的強制の可能性」ということは、ここでも、何が正しいかについての主張が不一致であるときに、法における相互的義務づけが表象される仕方ということになる。DとEでの議論の違いは、Dが、強制権能がどのように正当化されているか（つまりいかにして法の普遍的原理から導き出されるのか）を示すのに対し、Eはすべての人がそのような強制権能をもっていることを示すにすぎない。

「厳密な法はまた、普遍的法則に従う自由と一致する全般的・相互的強制の可能性としても表すことが可能である」とは、法の概念が、普遍的法則に従うすべての人の自由の両立可能性として表象されることができると同時に、主張の不一致があるときに他の人に強制することが相互に可能であることとしても表象される、ということである。強制権能が法の概念と矛盾律に従って結合しているという命題は、法的義務の表象に関するヴァリエーションについての見解を表しているだけであり、法的義務をいかにして実現するかという問題とはけっして関わりあっていない。強制をこのように捉えるならば、「法論への序論」DやEでのカントの主張は、BやCで登場した「法の道徳的概念」や「法の普遍的原理」における法の規定から分析に引き出すことが可能なのである。

法の概念の構成

さらにカントは法と強制について、「法論への序論」Eの注で、作用・反作用同等の法則との類推（die Analogie）を用いながら次のように論じている。

普遍的自由の原理のもとですべての人の自由と必然的に一致する相互的強制の法則は、いわば法の概念の構成、すなわちアプリオリな純粋直観における法概念の描出であって、この描出は、作用・反作用同等の法則のもとでの物体の自由な運動の可能性という類推に従ってなされている。そして私たちが純粋数学においてその対象の性質を、直接概念から導出することはできず、ただ概念の構成によってのみ発見することができるのと同じように、法の概念ではなく、むしろ、普遍的法則のもとにもたらされ、普遍的法則と一致するような全般的に相互的で同等の強制が、法の概念の描出を可能にする。（AA.VI. 232-3）

作用・反作用同等の法則とは、力学における運動の第三法則のことである。先行研究によれば、作用・反作用同等の法則と法との類推は、『人倫の形而上学』が初出ではない。例えば一七八〇年代の「ファイヤーアーベント自然法講義」や『プロレゴーメナ』にはすでに、この類推に対する言及が見られる[14]。

『プロレゴーメナ』を見てみよう（AA. IV. 357f.)。

このような認識は類推による認識である。類推は、その言葉が通常用いられているように、二つのものの不完全な類似性を意味するのではけっしてなく、まったく似ていないもののあいだの二つの関係の完全な類似性を意味する。（AA. IV. 357）

類推は、二つのものが似ているということではない。AとB、CとDという二対があり、かつAとBは、CとDとはまったく異種のものである。このとき、Aに対するBの関係がCに対するDの関係と同様であるかどうかが、類推による認識においては問われる。例えば、医療者と患者の関係を親子関係にたとえる医療上のパターナリズムは、まさに類推による認識のうえに成立していると言えよう。

類推による認識を定義するこの引用文の注で、カントは「人間の行為の法的関係と運動力の力学的関係のあいだの類推」の例を挙げている。

たとえば、人間の行為の法的関係と運動力の力学的関係のあいだには類推が存する。私は同じ条件のもとで私に対しあることをする権利を他の人に与えることなく、その人にまったく同様のことをなすことはできない。同じように、ある物体の運動力によって他の物体が同じ程度の反作用がひき起こされることがないのであれば、そのような物体はどれも他の物体に対して作用をひき起こすことはできない。ここで権利と運動力はまったく似ていないものであるが、それぞれの示す関係のうちには完全な類似性が存する。（AA. IV. 357f.）

ここでは複数の人間のあいだで成立する法的関係が、物体間に生じる運動力の作用・反作用関係と比べられている。ある物体Aが他の物体Bに力を伝えるとき、物体Bは、物体Aに対し同じ大きさで向きが逆になる力を同時に伝える。あらゆる物体間には力のこのような作用・反作用の関係が成立し、そのような関係が成立しないのであれば、物体が他の物体に影響を与えることはそもそも不可能である。

二つの物体間の関係をもとに法的関係を理解すると、物体Ａが物体Ｂの反作用をひき起こすことなく、物体Ｂに作用を加えることはできないということは、「同じ条件のもとで私に対しあることをする権利を他の人に与える」ことなく、「その人にまったく同様のことをなす」ことはできないということになる。ここでの「同じ条件」を〈お金を貸したとき〉に、「相手に対してあることをする権利」を〈借金を取り立てる権利〉に置き換えてみよう。お金を貸したときに太郎が次郎から借金を取り立てることが許されるのは、次郎がお金を貸したときに太郎から借金を取り立てる許可を太郎が次郎に与える場合のみである。もしそのような権利を相手に与えないなら、借金を取り立てる権利はそもそも存在しないことになる。

また、類推という言葉は使用されていないとはいえ、一七九三年の『理論と実践』においても、市民状態（法的状態）における人々の関係が、作用・反作用同等の法則によって説明されている。

というのも、すべての法は、他のすべての人の自由を、その自由が私の自由と普遍的法則に従って両立しうるという条件へと制限するうちでのみ存立し、（一つの公共体における）公法は単に、この原理に合致しつつ力と結びついている現実の立法がある状態にすぎないからである。この立法によって、一つの人民に属するすべての人は、臣民として、おおよそ法的状態（status iuridicus）のうちに、したがって、自由の普遍的法則に従って互いに制限しあう選択意志に関する作用・反作用の同等性のうちにある。すべての人の生得的権利（すなわち、人々のあらゆる法的行為に先立つ権利）はこの状態において、他のすべての人を強制する権能に関しては全般的に平等なのである。そのような権能によって他のすべての人はつねに、その人の自由の使用と私の自由の使用が調和するという限界のなかにとどまらなければならない。（AA.VIII. 292-3）

「自由の普遍的法則に従って互いに制限しあう選択意志」の作用と反作用とが同等である状態が「法的状態」、すなわち市民状態である。ここでは作用および反作用は「制限しあう」という言葉で表現されている。『プロレゴーメナ』の記述では、法的関係における作用・反作用は「相手に対してあることをする」という肯定形が用いられていた。しかし、『理論と実践』では、人々は「互いに制限しあう」とされる。『理論と実践』からのこの引用に従うなら、人々は選択意志によって互いに制限しあい、されあうということになる。この点で、「法論への序論」Eにおける法的な相互強制の発想が登場していると見ることができる。

『人倫の形而上学』以前の著作でのカントの記述を確認したところで、「法論への序論」での作用・反作用同等の法則へと立ち戻ろう。『プロレゴーメナ』にあるように、類推とは、「まったく似ていないもののあいだの二つの関係の完全な類似性」のことであった。それでは、「法論への序論」E注における類推は、いかなる二つの二項関係のあいだに完全な類似性を見出しているのか。当該箇所を再度引用しよう。

> 普遍的自由の原理のもとですべての人の自由と必然的に一致する相互的強制の法則は、いわば法の概念の構成、すなわちアプリオリな純粋直観における法概念の描出であって、この描出は、作用・反作用同等の法則のもとでの物体の自由な運動の可能性という類推に従ってなされている。そして私たちが純粋数学においてその対象の性質を、直接概念から導出することはできず、ただ概念の構成によってのみ発見することができるのと同じように、法の概念ではなく、むしろ、普遍的法則のもとにもたらされ、普遍的法則と一致するような全般的に相互的で同等の強制が、法の概念の描出を可能にする。（A.A.VI. 232f.）

ここの引用部分は少々わかりにくい。最初にカントは「普遍的自由の原理のもとですべての人の自由と必然的に一致する相互的強制の法則」が「アプリオリな純粋直観における法概念の描出」であると言いながら、最後になって「普遍的法則のもとにもたらされ、普遍的法則と一致するような全般的に相互的で同等の強制」が「法の概念の描出を可能にする」と述べている。一読すると「相互的強制の法則」と「相互的で同等の強制」とは、同一のことを指し示しているように思われる。だが、相互強制が法の概念の描出そのものなのか、あるいは法の概念の描出を可能にするものなのかは判明ではない。さしあたりここでは後者の説を採用する。というのも、以下で議論するように、「作用・反作用同等の法則のもとでの物体の自由な運動の可能性」との類推からは、「普遍的法則のもとでのすべての人の相互強制」とは異なる種類の法理解が導き出されているように思われ、かつその法理解が相互強制という理念から生じているように思われるからである。実際、上述の引用における類推は、作用・反作用同等の法則のもとにある二つの物体を、人々の法的な相互関係にたとえていた『プロレゴーメナ』や『理論と実践』のそれとは、異なっている。

「作用・反作用同等の法則のもとでの物体の自由な運動の可能性」とは何か。物体が自由と言われるときの「自由」は、カント哲学における超越論的自由ではありえない。実は、『実践理性批判』のなかに、この自由概念についての説明がある（AA. V. 96f.）。「自由の相対的概念」、いわゆる「回転串焼き器の自由」である。自由の相対的概念によると、「規定根拠が、作用をあたえる存在者のうちにあるものは時として自由な作用と呼ばれる」。例えば、落下中の物体は自由な運動をしていると言われるが（自由落下）、それは外からなにものによってもその運動を妨げられず、運動の規定根拠がその物体の外にないと思われるからである。また、時計の運動も自由な運動と呼ばれるが、それは、時計自身が外から押されることなく針を動かしているからである。しかし、落下中の物体や時計は、実際に外から何も力を加えられていないわけではない。自由落下中の物体は地球に引かれており、同じ大きさの逆向きの力で物体の方も地球を引いている。時計の針も、ぜんまいから加わる作用への反作用によって動いているのであって、おおよそ自然のなかにある物体はすべて外から作用を加えられている。ここでの自由は、ある物体が外から何の作用も加えられていないように私たちに表象されるというだけの自由であって、このような自由概念は「心理学的で相対的」なものだと、カントは説明している。

このような説明に照らすなら、「法論への序論」Eでの「作用・反作用同等の法則のもとでの物体の自由な運動の可能性」は、すべての物体同士が作用と反作用を相互に等しく加えあっているという条件下において、物体の運動が〈その運動の規定根拠が外にないという意味で〉自由なものとして表象される可能性を意味する。「法論への序論」Eでの類推において対比の対象となる一つ目の関係は、〈すべての物体が相互に等しく影響を与えあうという条件〉と〈物体の自由な運動〉との関係と推測されるのである。

このような物体間の関係との類推を通じて、「普遍的法則のもとにもたらされ、普遍的法則と一致するような全般的に相互的で同等の強制」が可能にする「法の概念の構成」は、次のような法理解をもたらす。すなわち、法は、すべての人のあいだに全般的・相互的強制が行き渡ることを唯一可能にする条件であるが、人々が同等に互いに強制を与えあうというこの条件のもとで、私は他の人から妨げられることなくみずからの選択意志を行使することができる。つまり、私の規定根拠は、自分自身のうちにある。作用・反作用同等の法則と物体の自由な運動との関係を相関項とする類推から、このような〈自己規定としての自由〉を見出すことができるのである。

「法の概念」と「法の概念の構成」による認識の違いは、前者が自由の両立であれ相互強制であれ、自他関係を定義するものであるのに対し、後者が自己自身の規定のみに関わる点である。思想の自由を例に考えてみよう。「私の思想の自由を侵害してはならない」という他人の選択意志への規定は、同様の権利を他のすべての人ももっている場合、さらに言えば「他の人の同様の自由を侵害してはならない」という規定が普遍的法則である場合に、正当なものとして認められる。これが「法の概念」である。すべての人に思想の自由が認められている状態において、すべての人は自由を侵害しないよう相互に強制する。このような状態において、私は他の人に妨害されることなく、自分自身の思想を定めることができる。これが、「法の概念の構成」によって導かれる事態である。

このような自由の特殊さを、カントはまた、純粋数学との比較によって示している。「私たちは純粋数学においてその対象の性質を、直接概念から導出することはできず、ただ概念の構成によってのみ発見することができる」。三角形はさまざまな性質をもつ。例えば、二辺の長さの和は他の一辺の長さよりも大きい、一つの外角はそれと隣りあわない二つの内角の和に等しい、などである。しかし、これらの性質は、〈互いに平行ではない三直線に囲まれた、三つの内角をもつ図形〉という三角形の概念そのものから取り出されたのではない。三角形のもろもろの性質は、三角形の概念を純粋直観のうちにアプリオリに描出することによってはじめて獲得される知識である。すなわち、この描出によって対象が得られるのだが、その対象の性質が、その対象に結びついている概念すなわち三角形の性質として認められるのである。

この説明に照らすなら、「法の概念ではなく、むしろ、普遍的法則のもとにもたらされ、普遍的法則と一致するような全般的に相互的で同等の強制が、法の概念の描出を可能にする」というカントの言葉も理解される。法（権利）はしばしば、他の人から強制を受けないで自分でみずからのことを規定することのように捉えられる。だが、この自己規定は、法の概念、すなわち〈ある人の自由がすべての人の自由と普遍的法則に従って両立しうる〉からは、分析的には出てこない。そうではなく、その概念が適用された人々の関係がどのように規定されるかを考えるときに、つまり「普遍的法則と一致するような全般的に相互的で同等の強制」を考えるときに、はじめて法の性質として見出される思想なのである。

これに加え、カントはさらにもう一つの類推を登場させている。「純粋数学（例えば幾何学）では、このような動力学的概念の根底には単に形式的な概念がある」（AA.VI. 233）。直線や直角を表現するときに、ドイツ語では recht を用いる。この「recht（rectum）は直であるかぎりで、一方で曲に、他方で斜に対置される」（AA.VI. 233）。〈直〉という概念には〈曲〉と〈斜〉という二つの対概念が存在するという、幾何学上の形式的概念とのこの類推から、法のもつ性質は新たに、次のように整理される。つまり、幾何学では、（一）二点間の直線はただ一つであり、（二）垂直に交差する二つの直線は両側の空間を等しく分ける、とされる。これに対応して、（一）法がただ一つに定義され、その法に従って（二）各人に「その人のもの（das Seine）」を厳密に確定することができるという認識が、獲得される。

すべての人の相互強制という条件下で、各人に行為の領域が等しく割り当てられる（作用・反作用同等の法則のもとにおける物体の自由運動との類推）。各人の行為領域は、法という境界線で平等に区切られ、その境界線の内部が「私のもの・あなたのもの」と呼ばれるのである。その内部では他ならぬ私が自分の行為を規定することが許されるのであり、私が境界を超えないかぎり、他の人は私に指図する権限をもたないことになる。これは後で、「ある人の自由が普遍的法則に従う他のすべての人の自由と両立しうるかぎりでの自由（他の人の強制的選択意志からの独立）」（AA.VI. 237）すなわち生得的権利として定式化される。生得的権利は、「法の概念の構成」と呼ばれるこのような手続きを通じて導出されているのである。

ところで、カントにおける生得的権利は、人間であることただそれゆえに万人に付与される権利であり、カントにおける〈人権〉概念ということができるだろう。人権の哲学的な基礎づけをカントの法理論から読み取ろうとするなら、それは、法から強制へ、強制から生得的権利＝人権へという順序をたどることによってはじめて可能になるのである。

本稿はここまで、「法論への序論」での法と強制の関係をめぐるカントの議論を検討してきた。その結論は、次の二点に集約することができる。まず、強制は、法的な義務を遂行するための手段として正当化されているのではない。強制権能は、自分の選択意志の自由が普遍的法則に従っている場合に、他のすべての人に対して該当する行為の履行ないし不履行を義務とする権能である。たとえ人々のあいだに同意がなかったとしても、私は他の人を義務づける。何が正しいのかに関して同意が存在せずに強要となるかもしれないからこそ、このような義務づけの能力は強制権能とも呼ばれうるのである。また、「法の概念の構成」に関するカントの議論は、『プロレゴーメナ』や『理論と実践』での議論と異なり、すべての人に存する相互強制の関係を直接論じているのではない。むしろ人々を相互強制の関係のうちに見ることによって、〈自己決定〉や〈他の人からの独立〉といった意味での法的な自由の概念が提示されうることを明らかにしているのである。

強制概念がカントにとっても法と倫理を区別するためのメルクマールであることは、明らかである。しかしカントにおいて強制自体は、法義務の場合には行為の単なる適法性が問題となり動機は問われないということ、あるいは、義務の理念以外の感性的な動機から義務の履行が許されているということとは、別の事態を指示している。義務の理念以外の動機から義務を履行するという、法義務のこの性質は、カントの法哲学が彼の道徳哲学から独立に構想されているかどうかという問題とからめて議論されてきた。しかし、「法論への序論」における法と強制権能の結合は、少なくとも動機という観点において独立性を擁護ないし否定するような論拠を提供してはいないのである。

本稿で確認したのは、あくまで「法論への序論」での議論を整合的に読むために必要とされる強制概念である。もちろん、カントがあらゆる著作において、強制という用語を一貫してこのような意味で使用していたと主張することはできない。批判期あるいは一七九〇年代以降という制限をつけてすら、強制を、法義務を遂行させる手段として読むべき箇所は相当あると思われる[15]。同時に、カントがつねに強制を手段として論じているわけではない、ということも十分に注意される必要がある。例えば、『理論と実践』第二章には、君主（元首）には強制権（das Zwangsrecht）が生じないと論じられている（A.A.VIII. 302-4）。これは抵抗権批判という文脈での議論であるが、これは「法論への序論」で使用されている用法に近いと見ることができる[16]。

強制に関する以上の考察の意義は、権利に関する二つの相異なる観念がカントのなかでどのように両立するかを表していることにある。つまり、私に何らかの権利があるということは、他の人がそれを妨げることができないということを意味する。それと同時に、妨げてはならないという義務が、その義務を権利主体である私が他の人々に対して課すことを通じて成立する。つまり、権利には、他の人を義務づけるという契機と他の人から独立しているという契機がある。一見この二つの契機は矛盾しあうように見える。なぜなら、他の人に義務づけるということは、他の人から規定を受けるということであり、独立とは反対のことだからである。この問題に対するカントの応答は次のようなものになるだろう。すなわち、独立としての自由は、すべての人の相互強制の可能性を前提にしてはじめて成立するのだ、と。

＊カントの著作からの引用は、アカデミー版の巻数をローマ数字で、頁数をアラビア数字でそれぞれ文中に付して示す。

＊本稿は、二〇一五年三月に大阪大学で開催された第一回大阪哲学ゼミナールでの発表と、二〇一五年九月にドイツのボンとエッセンで開催された日独倫理学コロキウムでの発表に基づいている。参加者からの有益なコメントに感謝する。

＊本研究は科研費（MKK536J）の助成を受けたものである。

【注】

（1）『人倫の形而上学』出版に先立つ一七九三年の『理論と実践』においてすでに、カントは次のように語っている。「法は、すべての人の自由が普遍的法則に従って可能であるかぎりで、その自由との両立という条件へと各人の自由を制限するものである。」（AA.VIII. 290）

（2）Wolfgang Kersting, *Wohlgeordnete Freiheit: Immanuel Kants Rechts- und Staatsphilosophie*, 3. erweiterte und bearbeitete Auflage, Mentis, Paderborn, 2007, S. 100-107.（ヴォルフガング・ケアスティング『自由の秩序――カントの法および国家の哲学――』舟場保之・寺田俊郎監訳、ミネルヴァ書房、二〇一三年、七八～八五頁）

（3）Kersting, a. a. O., S. 106.（邦訳八四頁）

（4）Ebd.（邦訳同右）

（5）Kersting, a. a. O., S. 104.（邦訳八二頁）

（6）以下も参照のこと。Reza Mosayebi, *Das Minimum der reinen praktischen Vernunft: Vom kategorischen Imperativ zum allgemeinen Rechtsprinzip bei Kant*, Kantstudien-Ergänzungshefte 173, Walter de Gruyter GmbH, Berlin/Boston, 2013, S. 97-108.

（7）Marcus Willaschek, 'Right and Coercion: Can Kant's Conception of Right be Derived from his Moral Theory?', in: *International Journal of Philosophical Studies*, 2009, Vol. 17(1), pp. 49-70, p. 57.

（8）Ibid., p. 58.

（9）ただし、ヴィラシェクは、法と強制の関係を論じた以下の論文では「動機としての強制」に触れておらず、彼が現在もなおこの見解を抱いているかは不明である。Marcus Willaschek, 'The Non-Derivability of Kantian Right from the Categorical Imperative: A Response to Nance', in: *International Journal of Philosophical Studies*, 2012, Vol. 20, No. 4, pp. 557-564. ヴィラシェクには、強制の正当化に関する見解がこれとは別にあり、そちらが彼が本来擁護したい主張と思われる。その内容については、注(10)を参照されたい。

(10) 動機としての強制という解釈を否定する見解は、以下の文献にも見られる。Arthur Ripstein, 'Authority and Coercion', in: *Philosophy and Public Affairs*, Vol. 32, No. 1, pp. 2-35, 2004, esp. pp. 22-26. また、ヴィラシェクによれば、カントの法概念は、「権利の衝突の不可能性 (the impossibility of conflicting rights)」を含意する。この考えによれば、もしA氏がFをする法的権利をもつなら、B氏はA氏がFをすることと両立しないことをする権利を有しない。つまり、権利は互いに制限されている。例えば、私があるリンゴを食べる権利をもっているなら、他の人は私の同意なくそのリンゴを食べる権利をもたない。なぜなら、他の人がそのリンゴを食べてしまうなら、私はそのリンゴを食べられなくなるからである。この不可能性は、「自分の権利の行使を妨げようとする人々に対して強制を使用する権能」(Willaschek, 2012, p. 560) を含意する。このような想定において、私はみずからの正当な権利を他の人の意志に反して行使しても、私は他の人の権利を侵害することはない (Willaschek, 2009, pp. 63-64)。私がリンゴを食べることは、他の人にとっては強制である。この不可能性は、ただ法の概念のみに由来する。このような解釈も、動機としての強制という解釈とは、異なるものである。

(11) 法義務の主体が誰かという問題は、以下の拙稿で論じた。石田京子「カント法哲学における立法と自由」、三田哲学会編『哲学』第一八四集、二〇一五年、一四九〜一七〇頁。

(12) Kersting, a. a. O., S. 86.（邦訳六四頁）

(13) 法の道徳的概念とは、「法に対応する拘束性に関わるかぎりでの、法の概念 (der Begriff des Rechts,

sofern er sich auf eine ihm korrespondierende Verbindlichkeit bezieht)」（AA.VI. 230）のことである。

（14）「ファイヤーアーベント自然法講義」における作用・反作用同等の法則と法との類推については、以下の議論を参考にした。Philipp-Alexander Hirsch, *Kants Einleitung in die Rechtslehre von 1784. Immanuel Kants Rechtsbegriff in der Moralvorlesung „Mrongovius II“ und der Naturrechtsvorlesung „Feyerabend“ von 1784 sowie in der „Metaphysik der Sitten“ von 1797*, Göttingen, Universitätsverlag Göttingen, 2012, S.104f..『プロレゴーメナ』については以下を参照した。Ralf Buttermann, *Die Fiktion eines Faktums: Kants Suche nach einer Rechtswissenschaft. Erwägungen zu Begründung und Reichweite der kantischen Rechtsphilosophie*, Würzburg, Königshausen & Neumann, 2011, S. 253, Anm. 742.

（15）『永遠平和のために』での「政府の強制」（AA.VIII. 355）などは、それに該当すると思われる。

（16）例を挙げると、「人民は国家元首に対し、強制権ではありえないにせよ失われえない権利ももつ」（AA.VII. 303）とカントは書いている。この文言は、人民が元首に対して権利をもつが、元首がそれに同意しない場合に強制することはできない、ということを意味しているとも読むことができる。そうだとすれば、ここで出てくる強制という用法は、「法論への序論」での用語法と重なることになる。

第二部　人権と政治

序

人権は法・制度によって保障される。民主主義においてはその法・制度を実現する過程で、さまざまな意見の多様性を承認するとともに何らかの合意を形成するために、政治が重要な働きをする。このとき、政治という営みの実効性の基盤をなすものもまた人権である。政治において、その参加者は人権の主体として、人権に基づいて、人権を実現するために活動する。このように人権と政治とは不可分であり、民主主義的政治は人権という限界のなかで遂行されねばならない。

したがって、人権を哲学するものは、政治についても哲学しなくてはならない。しかし、普遍的な人権を哲学的に根拠づけ、人権を保障する国家体制や国際関係を哲学的に論じることと、人権のための政治を哲学することとのあいだには、重要な相違がある。前二者は、普遍性に定位して理論を構築するがゆえに、ときに静的な理想を描きだすことに傾くことがあるが、政治の場合、ことがらは法・制度の〈改善〉にかかわるがゆえに、つねに動的で過渡的な状況を前提する。このような動的状況に、グローバル化と言われる動向が拍車をかけて久しい。一つの国内で、よきにつけあしきにつけ、受け継がれてきた法・制度について、私たちは再考を迫られ、〈改善〉を求められているのである。

さて、政治的な改善という点では、〈革命〉こそが話題の中心に置かれるべきだという意見もあるかもしれない。たしかに、人権に対する暴力的な抑圧状況がひとびとに〈革命〉を求めさせることはあるだろう。しかし、「戦争と革命の世紀」と呼ばれることもある二十世紀の悲惨な経験を経て、私たちが注目すべきは〈改革〉ではないだろうか。ことに、グローバル化に直面して「構造改革」を求められているにもかかわらず、それを実現する目途も立っていない日本では、この観念への注目が促されるべきである。このとき、私たちが参照すべき古典的思想を、十八世紀の哲学者、カントの所説が提供してくれる。彼が、政治における〈革命〉を否定的に論じ、政治を〈改革〉のことがらとして捉えたことは有名である。本章の二つの論文はいずれもこの問題に関係している。

カントの所説を踏まえつつ、グローバル化という動向に対峙するとき、法哲学者、エアハルト・デニンガーが論文「国家の課題と人権」で指摘した、次の課題の問題性が明らかになるかもしれない。すなわち、現代的な人権問題において求められているのは「既存の憲法によってすでに保障されている消極的自由を積極的自由によって補完することである」。しかし、国民がグローバル化の防波堤として国境を求め、国境の内部で国家からサービス給付を受けることで積極的自由を実現しようとするなら、そこに人権をめぐる新たな二つの問題が生じる。一つは、国家権力からの自由を主張するための人権思想が、国家にサービス給付を要求するためのものに変質し、人権概念そのものが空洞化するという問題である。もう一つは、国境の外部に位置する人権問題を見過ごしてしまい、人権の普遍性そのものを見失ってしまうという問題である。これらの問題状況は、人権は人間愛（人類愛、博愛）に優越するというカントの所説がもつ現代的意義を明らかにするだろう。

（御子柴善之）

第六章　共和国、あるいは人間であるための空間
――カントの「甘い夢」とその影――

隠岐理貴

はじめに

世界政治は、今日「人権」をめぐる新たな局面を迎えている。ヨーロッパは難民受け入れをめぐる終わりの見えない難局に直面し、多文化・多民族の平和的共生の可能性に対して向けられる懐疑の眼差しは、各国の新進極右政党の台頭が示すように、その不安気な光を強めていっている。ヨーロッパ各地のシンボリックな土地や都市（例えば「自由、平等、博愛」の象徴たるパリ）を目標とし、「神」の名のもとに行われるテロリズムは、こうした流れに拍車をかけ、動揺する人々の横顔や真っ二つに割れる世論をあざ笑うかのように繰り返される。しかも現代のテロリズムは、文字通りの意味でその養分を、そのターゲットである諸国の人々が暮らす土壌から吸収している。西欧各国で生まれた、さ

まざまな人種の若者たちが、それも自発的に暴力の渦へと身を投じているのである。その帰結は、単に大文字の他者＝よそ者ではなく、直接の隣人に対する不安の増殖であろう。というのも、現代においては、いつ、どこの誰が、いかなる理由によって突如テロルの尖兵となるかを予測することはきわめて困難であり、このことが不安の蔓延を加速させているように思われるからである。

こうした光景を目にするとき、近代ヨーロッパにおいて誕生し、ゆっくりと、二つの世界大戦を挟んで、しかしたしかに人類の普遍的規範として、世界の隅々まで浸透しているかに見えていた「人権」の理念が、その根幹において動揺しているのではないかという疑念が浮かぶ。人間が人間として生まれ、人間と出会い、平和裡に暮らす世界の規範としての同理念は、儚い夢にすぎないのか、という疑念である。

しかし、遠い過去から受け継がれてきた理念の意味、そしてそれがみずからのうちに蔵する希望に対する疑念は、我々現代人を死せる哲学者たちとの新たな対話へと誘う。本章もまた、かかる対話の試みである。それはもちろん、過去の思想家に、現代の問題に対する直接的で即効性のある解決案を聞き出そうとすることと同義ではない。もとより、ある時代の人々が過去の経験から応用可能な原則を引き出すことは、口で言うほど容易なことではない。それどころか、それはヘーゲルが述べたように、不可能でさえあるのかも知れない。(1) にもかかわらず、本章では過去から受け継がれてきた「人権」の理念と決して切り離して考えることのできない「共和国（Republik）」という言葉の歴史の一つの分水嶺を成す一人の死者、イマヌエル・カントの「魂」との対話を試みる。

「共和国」という「夢」？

カントは、その生前最後の公刊著作である『学部の闘争』のある脚注において「理性の諸要求に合致するような国家体制を考え出すのは、甘美なことである」（*Streit* VII, 92 Anm.）と述べている。(2) ここで言われる「国家体制」とは、「人々のモノ」を意味するラテン語の res publica を語源とする「共和国（Republik）」にほかならない。カントによれば共同体が共和国であるために満たすべき条件は、第一に立法府、行政府、司法府という三つの互いに独立した権力（*trias politica*）からなる「国家（*civitas*）」（*RL* VI, 313, 316）であること、第二に「政府（Regierung）」としての行政府が立法府を通じて表明される国民の意志を「代表」するものとして「統治」を行うこと、そして「人格」ではなく「法」が支配していることである(341)。カントは、このような体制を考えることは甘美であると述べた直後、そのような体制を「提言するのは思い上がったこと」であり、「国民を既存体制の破棄へと扇動することは、刑罰に値する」と掣肘する（ebd.）。

カントの「法進歩」の理論にある程度馴染みのある読者にとっては、一方で共感へと誘いながら、他方で性急な理想実現への熱狂をなだめるようなここでの彼の語りは、驚くべきものではないかも知れない。それどころか、彼が革命を合法的であると主張することは矛盾していると繰り返し説いていることを知る読者にとっては、かかる語りは理論的に見れば余計であると映るかも知れない。しかし、カントが同じ脚注において、理想の国家体制を「完成されたものとして願う」ことは「甘い夢（ein süßer Traum）」であると再度述べている事実（ebd.）は、それだけいっそう奇妙な印象を与える。というのも、カントがここで「願われているもの」を敢えて単なる「夢」であると言い切ってしまうことで、読者はかかる理想自体が空虚に過ぎないという失望を覚えたとしても不思議ではないからである。

失望を喚起するかに見えるカントのこうした言明の理由は、その修辞的効果の観点から説明できるかも知れない。すなわちカントは、理想の体制は夢のごときものであると実質二度連続して述べることで、我々読者にその完成があまりにも遠いことを意識させようとしているのであるという理解は可能であろう。夢と現実の間の距離が大きければ大きいほど、理想の実現は夢に過ぎないというアイロニカルな断定を反復する効果も大きくなる。すなわち、世界は我々が願うようにはできていないという現実と夢との距離が際立つのである。ここでのカントの反復は、読者の覚醒を促す、典型的に「啓蒙」主義的ジェスチャーなのかも知れない。

しかし、夢の内容を選択する力を、夢を見る者自身はもっていないという事実は、すべての人間に妥当するだろう。そしてカントもまた、人間である。したがって、彼の夢の中身は、彼の自由な選択の対象ではない。このように見るとき、カントが理想の体制は夢であると繰り返し述べるのは、それが好むと好まざるとにかかわらず、その体制が彼自身の眠りにおいて幾度も現われたものであると読者に連想させる意図で書かれているように思われてくる。そしてそうであるとすれば、彼もまた、甘い夢から覚め、自分が単に夢見ていたことに気づいて落胆した経験を繰り返してきたと想像できる。

さらに言えば、カントが一つの脚注において、実質的に二度も「夢」について語るとき、彼は彼の読者もまた、一方では夢においてしばしば同一の対象に出会い、他方では彼と同様の落胆を経験してきたと想定していると想像すべきではないだろうか。なぜなら、そうでないとすれば、夢と現実のあいだに存するコントラストに基づく修辞的効果も（それが実際どのようなものかは、本章で確認する）薄れてしまうだろうからである。しかし、彼はいかなる理由に基づいて、彼と同じ夢を見る複数の他者の存在を想定しているのだろうか。あるいはそれは、カントにとってはあまりに自明なことなのであろうか。彼が夢についての語りを反復するという単純な事実自体が、他者もまた彼と同じ夢を幾度も見てきたことへの期待の表れではなかろうか。ここで期待されているのは、根本的には何なのか。

本章では、カントは人類が集合的に一つの共通の夢を見る可能性を、パラドキシカルなことに、彼の読者が、革命による理想国家設立という性急かつ誤った方途に訴えかけることなく、幾分か醒めた気持ちで彼とともに現実的な道を行く可能性の条件とみているからであるという解釈の可能性を検討する。そのために、まずはカントが「消し去ることができない不死の犯罪（*crimen immortale, inexpiabile*）」（*RL* VI, 321 Anm.）と呼ぶ、ルイ十六世の処刑に対するカントの単に心理的であるかに見えかねないが、その実道徳的根拠をもつ「抵抗」の感情を確認する。国王の処刑という戦慄すべき出来事は、カントに国家創設行為がいわば怪物的悪をはらんでいるかも知れないという恐れを抱かせた。かかる表象は彼にとって、すべてが「深淵（Abgrund）」に飲み込まれてしまったと思わせるほど「ぞっとする（shauderhaft）」ものであった（ebd.）。こうした彼の心情とその理由を確認した後、我々はカントがかかる疑念を払拭するため、処刑のトラウマ的記憶を、みずからの理性が描き出す道徳的世界像に一致する「出来事」の記憶によって塗り潰す必要を感じていたことを見る。しかしそのためには、彼が一人で夢を見続けているだけでは足りず、国王の処刑というトラウマ的場面の正反対である完成した理想国家という夢が、現世において空虚なものではないという確信を必要としていること、そしてそれがいかにして可能となると彼が考えているかを、主として『学部の闘争』第二巻におけるカントの語りを確認することで浮かび上がらせたい。カントにおけるこのような思考の道筋を虚心に眺めていく過程において垣間見えてくるのは、一人の哲学者が人類がともに夢見るに違いないと考えた「共和国」について「語る」ことのうちに見た政治的意味である。

「消し去ることができない不死の犯罪」

ルイ十六世の処刑に対するカントの抵抗感を確認するため、まずは『人倫の形而上学――法論の形而上学的定礎』（以下『法論』）の、興味深いことにやはり脚注のうちに見られる一つの箇所に目を向けたい。当該脚注が付されている本文におけるカントの関心事は、彼が一七九三年の小著『理論と実践』においてすでに論じたみずからの革命禁止論の普遍妥当性である。『法論』の当該箇所においても彼は以前と同様の厳格さで言う。「立法を行う国家元首に対する国民の合法的な抵抗というものはない。というのは、彼の普遍的に立法する意志への服従によってのみ、法的状態が可能となるからである」（*RL* VI, 320）。ここから看取すべきは、革命の厳格な禁止の根拠がかつてと同様、法的体制の存立があらゆる主観的幸福の実現に対して優先されるのでなければならないという理由のうちに存することである。なぜならかかる状態においてのみ、「各自に法によって自由」が保障されうるからである（*Gemeinspruch* VIII, 298）。

『法論』と『理論と実践』のそれぞれにおける革命禁止論のあいだに存する、一つの目立った差異は、カントが前者においては主要概念にラテン語の表現を付記していることである。目下の文脈において注目すべきは、彼が「僭主殺害としての君主討伐（*monarchomachismus sub specie tyrannicidii*）」を君主の「生命に対する暴行」、「父殺し」を原義とする「大逆人（*parricida*）」を「祖国（Vaterland）を殺そうとする裏切り者」と翻訳していることである（*RL* VI, 320）。我々が着目する脚注におけるカントの議論は、これらの概念が現象としては一つである行為の二つの意味に対応していることを示している。すなわち、第一のものは国家元首の物理的殺害に、第二のものは制度、すなわち法的人格としての元首の殺害に対応している。カントは次のように言う。

君主の殺害といえども、暴動による国家転覆が持つ、あらゆる畏怖すべきもののうちで、最も腹立たしいものというわけではない。というのもそれは、君主が生きている限り、再び奮起し、国民にしかるべき罰を感じさせるかも知れないという国民の恐怖から生じたものであり、したがって刑法的ではなく、たんに自己保存欲求からの行いであろうと考えることもできるからである。形式に則った処刑こそが、人間の権利の諸理念に満たされた魂を、このような場面やカール一世あるいはルイ十六世の運命を思うやいなや、また思うたびごとに繰り返し感じられる（gefühlt）戦慄で襲うものである。（*RL* VI, 321 Anm.）

カントはここで、「君主の殺害」が、「形式に則った処刑」に比べれば、「感情的」にはまだ耐えられると言っているように見える。なぜか。この問いはカント自身が投げかけている。

感受的（同情、すなわち苦しんでいるものの位置にみずからを置き移す想像力の働き）ではなく、あらゆる権利概念の完全な転倒に対する道徳的なものであるこの感情は、どのようにして説明できるのだろうか。それは、永遠に残り、決して消し去ることができない犯罪（*crimen immortale, inexpiabile*）とみなされ、あの、神学者たちがこの世においてもあの世においても決して許されることのない罪と呼ぶものに近いように思われる。（ebd.）

ここで焦点となっているのは、殺害されるものの立場にみずからを置いてみたときに感じられる不快さではない。そうではなく、いわば逆立ちした世界ならびにかかる世界の住人の格律を表象したときに生じる道徳的忌避感ないし嫌悪感である。「あらゆる権利概念の完全な転倒」という表現が示しているのは、カントがここで単に無法状態を考えているのではなく、法的状態一般がまったく不可能な世界、無法を永遠の法として妥当させようと意志する存在によって満たされた世界について考えていることである。

この理解は、当該の脚注をより詳しく見ていくことで確証される。カントは「君主の形式的処刑について考えるときに生じる戦慄の根拠」は、君主の単なる「殺害（Mord）」が、国民がみずからの「格律」とする「規則の例外」であるのに対し、「処刑は主権者と国民の間の関係の原理の完全な転倒と考えられねばならない」ということのうちに存すると言う（322 Anm.）。他の人間に、自身に対する権力行使をいかなる場合にも認めないような犯罪者の形象は、「戦慄」を喚起する。そのような犯罪者の格律こそが、形式的処刑について考えるときに生じる戦慄の根拠とみなされるべきなのは、そのような者が道徳法則への服従を「形式的」に「拒否」するからにほかならない（321 Anm.）。換言すれば、そのような者が「人間の権利の諸理念によって満たされた魂」をかくも動揺させるのは、その者の格律が道徳性の「欠如」を示すからではなく、むしろ「いわば敵意を持って（feindselig）」、真っ向から「法」に対立しているからである（321f. Anm.）。そのような格律は単に善ではないことを超えて、可能であると認めるにはあまりに邪悪なのである。カントがそのような格律は人間には「不可能」である（322 Anm.）とまで言い切るのはそれゆえである。逆説的な言い方をすれば、かかる格律は道徳性においてゼロ以下であるために、過剰な悪なのである。

カントはこのいわば不可能な犯罪を、「すべてを決して戻らぬ形で食い尽くす深淵」、「国家が国家自身に対して行う自殺」、「いかにしても赦されることのない犯罪」という三つの表現によって形象化した後、君主の「処刑」への集合的「同意」の根拠を直ちに、国民の「報復への恐怖」に還元する（ebd.）。その姿はまるで、起こってしまった出来事を、相対的にではあるが、急いで無害化しようとしているかのように映る。

カントによるいわば理性の悪夢としての「国家の自殺」の描写を確認した今、冒頭に触れた夢と現実のコントラストは明瞭となり、彼の夢についての語りも別様な響きをもち始める。すなわち、現実は今や究極の悪夢と「甘い夢（共和国の完成）」の間の領域を成し、「国家の自殺」が道徳的に「不可能」であると断じられたことで、たとえそこでは夢が一挙に叶うことはないのだとしても、幾分かは耐えやすいものに映り始めるのである。

ここで我々は、『学部の闘争』第二巻の脚注に目を向けよう。カントは次の言葉によって、間接的にとはいえ、今一度かの「深淵（Abgrund）」の「根拠（Grund）」を除去する。

プラトンのアトランティカ、モアのユートピア、そしてヴェラスのセヴェランビアは、徐々に舞台へともたらされたとはいえ、（流産に終わったクロムウェルの専制的共和国を別とすれば）それらの実現への挑戦は一度としてなされたことはない。これらの国家創造は世界創造に似ている。いかなる人間もその場に居合わせなかったし、その時にそこにいることもできなかった。というのもそのためには、彼は自身の創造神でなければならなかったからである。（*Streit* VII, 92 Anm.）

これまでいかなる人間も哲学者たちによって構想された理想国家を実現しようと試みはしなかったにもかかわらず、それらは次第に「舞台」へともたらされた。この命題が正しければ正しいほど、それだけいっそうあの「深淵」を恐れる必要は少なくなるだろう。というのは、理想国家建設の試行回数が少なければ少ないほど、既存国家の君主をあまりに邪悪な格律に基づいて処刑する機会も少なかったはずであり、したがって原罪に満ちた国家に場を与えるために、国家が自殺を選んだ可能性も減少するからである。

夢、現実、深淵というトリアーデは、カントの意識において連続的に捉えられたものかどうかはわからない。しかし少なくとも、カントが君主の処刑に対する国民の同意が最悪の格律に基づくかも知れないという疑念を打ち消すために用いる論理、というより、それを提示する際の彼の論調は、確信に満ちたものとは言い難い。彼は言う。

> 次のように想定（annehmen）することができよう。かかる処刑への同意は、実際には申し立て上の法的な原理ではなく、いずれ復活した国家が国民に加える報復への恐怖から生じたのであり、あの形式性も、あの行為に刑罰の、したがって（それが殺人とはならないよう）法的行為の見かけを与えるためだけのものであった、と。しかし、こうした隠蔽は失敗である。なぜなら、国民のこうした僭称は、転覆された国家を復活させるのを不可能にするような原則を含むがゆえに、

殺人よりも非道だからである。（*RL* VI, 322 Anm.）

この言明は、同意の理由が実際に報復への恐怖であって欲しいというカントの願いを表現していないだろうか。まず、カントが「隠蔽」された犯罪者たちの心理を実際に見通したわけではないことは、「想定」という言葉が示している。彼の想定にしたがえば、君主を処刑した国民たちは、みずからの行動の動機が恐怖であることを隠そうとするあまり、人間には不可能なはずの罪の見かけをみずから纏うという奇妙な倒錯をおかしたことになるが、カントは、そんなはずはありえないがゆえに、実際に起こったのは、国家の自殺ではなく、単なる殺人なのだと自身に言い聞かせることで、胸を撫で下ろしているとは考えられないだろうか。そして同時に、当の殺人者たちに向かって、「あなた方は単に臆病なだけで、怪物ではなく人間である」と言っているかのようである。

真理の試金石としての思考伝達の自由

我々は本章冒頭において、一つの解釈可能性を提示した。すなわち、人々が一方でカントと同じく共和国実現を「夢」に見つつ、他方ではそれが一挙に実現するものではないと彼らが知っていることが、現実において夢へと近づく可能性の条件を成すという解釈の可能性である。また我々は、これまでの考察において、国家の始まりの瞬間に、最悪の格律に基づく行為があったかも知れないという疑念がカントの脳裏をよぎり、彼自身はそれを論じる脚注において、その可能性を否定してはいるが、そこには奇妙な倒錯が顔を覗かせていることを見た。

少なくとも構造的には、「共和国」という、誰もが見るはずの「夢」という表現と、「国家の自殺」であったかも知れない出来事を、君主の殺害へと格下げしようとするカントの態度のあいだには密接不可分な関係がある。両者をつないでいるのは、他なる人間の心という、外からは決して直接覗き込むことのできない領域である。他者がどんな夢を見るのかを、無媒介に知ることはできない。それと同じように、他者がいかなる動機から犯罪に手を染めたのかを直接知るのは不可能である。それどころか、目の前にいる存在が実際に人の心をもつものであるかを我々が知っていると言えるかどうかも、実のところ少しも自明ではない。(3) そうであるにもかかわらず、カントは人類の「夢」と道徳的理念によって満たされた人々の「魂」の震えについて語っている。いやむしろ、そうであるからこそ、彼は「語る」のである。どういうことか。

この点について考えるため、カントの次の言葉に耳を傾けよう。

> 我々が我々の思考を伝達し、我々にみずからの思考を伝達する他者と、いわば共同で考えることができないとすれば、我々はどれだけのことを、またどれだけの正しさを持って考えることができるだろうか！　だから、みずからの思考を公に伝達する自由を人間からもぎ取るあの外的権力は、彼らからさらに考える自由をも奪っているのだと言えよう。（*Orientieren* VIII, 144）

思考を他者と伝達しあう自由を奪われてしまえば、自由に考えることなどできはしない。カントは思考伝達の自由を「あらゆる市民的軛の下でもなお、我々が持つ唯一の宝玉」と呼び、それは「かかる状態が持つあらゆる害悪に抗して、なおも助言を生み出しうる」ただ一つのものであると強調する（ebd.）。

この「宝玉」が欠くべからざるものである理由は、我々のありふれた経験の描写が鮮明にしてくれる。カントは、やはり思考伝達の不可欠性を強調するある箇所において、「ある響きが単に我々の耳の中だけにあるのか、それともそれは本当に鳴らされた鐘を聞いていることなのか」がわからず、その響きが聞こえているかどうかを「他者にも問い尋ねて」みなければならないケースがしばしばあると言う（*Anthr.* VII, 129）。我々にとって、我々自身の身体をも含む世界のあらゆる事物との界面である感官の次元においてさえ、こうしたケースがしばしば生じることを考えれば、感性的直観の概念の下への包摂としての「判断」において他者を頼りにしなければならない事態がいっそう多くあることは、容易に想像されよう。右の描写を行うのと同じ段落において、カントはかの「宝玉」を、真理の欠くべからざる「試金石（真理の外的判別基準 *criterium veritatis externum*）」と呼んだ後、次のように続ける。「我々の判断の真理性を保障するために、この基準が欠かせないことはあまりに明白」であり、「学識ある人々がかくも切迫した形でペンの自由を請い求める理由」は、もしそれが拒否されれば、「同時に我々自身の判断を吟味するための最大の手段が奪われる」ことを意味するからである（128f.）、と。

このような思考伝達の自由への権利を再三強調した後、カントは我々の考察にとって大きな示唆に富む言葉で段落を結んでいる。「重要」な「意見」を「公」にしているにもかかわらず、いかなる「追従者（Anhang）」ももたず、したがってみずからの「意見」と「たった一人（allein）で立っている著作家」は、それだけの理由で「公衆」によって「誤謬」の嫌疑をかけられるものである（129）、と。「まさにそれゆえに」とカントは段落を改めて言う。「一般的意見」に対立する「主張」を「公衆のうちへと試しに送り込んでみる（ins Publikum spielen）」ことは、「大胆不敵（Wagestück）」なことである、と。

こうした記述を見るとき、「理性の公的使用」によって特徴づけられる「啓蒙」が「勇気」を必要とするというカントのよく知られた主張と二人称単数で発せられる「敢えて賢かれ！（*sapere aude!*）」――ここでの「敢えてすること（audere）」は「大胆に行うこと（wagen）」、「大胆不敵（Wagestück）」と響きあっている――という、いわば一人ひとりの内奥、「君（Du）」への呼びかけの含意が、勇気が「怠惰」と「臆病」に対置される理由とともに見えてくるであろう（*Wia* VIII, 35）。すなわち、みずからの意見の公的表明は、世界において「孤独（allein）」になり、したがって多数者の懐疑の眼差しの矛先となってしまう危険に身を晒すことなのである。しかし、より重要なことは、ここに至り、前節までに検討してきた「国家の自殺」としての「君主の形式的処刑」についてのカントの議論が、「公刊」された著作とはいえ、「脚注」のうちに場所を見出したことの意味が透かし見えてくることである。

その意味をあぶり出すために、書物における「脚注」とはいかなるものかについて、しばし考えをめぐらせてみよう。一般的に脚注とは、本文の議論からは直接に導出できない付随的な議論が展開されたり、重要度において二次的な事柄が扱われる場所であろう。それはいわば、筆者自身にとってそれなりに重要ではあるが、さまざまな理由によって、いささか「大胆さ」を欠く形で世に問われるメッセージを託されたもの、筆者の「呟き」のようなものではないだろうか。しかし、それは、そうであるにもかかわらず、ひっそりとではあれ、やはり公的空間へと入っていくものである。そして、それとても、筆者の言葉の隅々にまで耳を傾けようとする見知らぬ他者への期待とともに、「公衆のうちへと試しに送り込まれる」ものであろう。

ここから、次のような推測を立てることは可能であろう。すなわち、カントは国家転覆の瞬間において、人間には不可能なはずの、最悪の「格律」が駆動因となって人びとを犯罪へと動かしたのか、それともそれは単に「報復への恐怖」によるものだったのかは、彼自身にも本当のところわからないというメッセージを、ひっそりと発しているのではないだろうか。しかし、それは、多数者の中で、断定を避けるような「ドクサ（Meinung）」（＝「私にはこう見える（*dokei moi*）」）とともに「孤独に立つ」ことになるかも知れない危険をおかしてでも、発せられねばならないものであったのであろう。脚注に込めたこの「見え方」を世界へと送り出すカントのジェスチャーは、読者に対する「あなたたちにもこのように見えますか」、「あなたたちの魂も私の魂と同じように震えていますか」、「私があなたたちに手渡す『宝玉』には、何が映っていますか」という問いかけではないだろうか。

以下ではこうした推測を議論の蝶番とし、共和国を地上において一挙に実現しようという「夢」から距離をとってみせるカントの視線の先を、彼とともに眺めたい。

公衆とともに見続ける夢

「国家の自殺」について、カントがその意見を公にした翌年の一七九八年、『学部の闘争』における彼は、一転して人類の未来への希望に満ちた言葉を遺している。彼の魂を希望で満たしているのは、かつて彼を戦慄させた「人間」たちにほかならないが、ここで彼の視線が捉えているのは、フランス革命を眺める人々の「思考様式（Denkungsart）」である。そして彼は、当の「人間」たち自身、「公衆」に彼らの気高さについての判断を、みずからの言葉で伝達する(4)。

カントは、隣国において自由と平等を求めて立ち上がった人々に対して、身の危険も顧みず「賛意（Beifall）」を公にした「観察者」の思考様式を、その進歩の「歴史的徴（Geschichtszeichen）」、「追憶的、明示的、予示的徴（*signum rememorativum, demonstrativem, prognosticon*）」と呼ぶ（*Streit* VII, 84）。すなわちカントは、彼らのこうした意見の表明自体が、人類がはるかな過去から現在を通って遠い未来に至るまで、進歩を止めることはないことを「示している（zeigen）」と主張しているのである。

ここで我々にとって格別重要なことは、この「徴」が、あの「決して消し去ることができない犯罪」

のちょうど正反対のものであり、後者が起こってしまった疑いを打ち消し、人類全体が時間において歩んできた過程、今後歩んでいく先を一挙に示すものとして把握できることである。カントはフランスにおける君主の処刑の際、その実行者たちは「報復への恐怖」を「隠蔽」しようとしていたと考えた。しかし、ある行為の隠蔽された動機としての「恐怖」を、人はいかにして外から抉り出すことができるのか。それが意図的に隠されているのだとすれば、我々はそれに決してたどり着くことはできないだろう。これに対し、カントが目撃した、地上にその姿を現しつつある、「国民自身が普遍的法原理に即してみずからに与える法」に即して、君主が国家行政をつかさどる「統治様式」（88）としての「共和国」の理念に対する「賛意」の表明は、カントの思考図式にしたがうならば、行為遂行的にかかる表明の「動機」を示すものである。なぜなら、自身の「生命」の危険をも顧みぬ人々の行動自体が、単なる「自己愛」ならざる動機、これに打ち克つ内なるもの、すなわち「実践理性」の作用にほかならないからである。(5) カントが「時代を画す影響」をもつこの出来事は、「人間の魂の義務を眼前に据える」ものだと呼んでいる（87）ことが、その証左である。いわばカントは、この出来事によって、人類の進歩がいわば「エイドス」として一挙に眼前に広がっていく様を描写しているのである。

そしてまさにそれゆえ、「歴史的徴」は、人類が共和国への接近において突如後退を始めることはなく、前進を続けるであろうことを「予示」するものでもある。

というのは、あの出来事はあまりに偉大であり、またあまりに人類の関心（Interesse）と織り合わさっており、そしてその影響力について言えば、世界中にあまりに広く知れ渡っているので、何らかの恵まれた状況をきっかけとして、諸国民によって想起され、同様の新たな試みの反復（Wiederholung）へと呼び覚まされ（erweckt）ないなどということはありえないからである。（88）

ここでカントが告げているのは、「想起」と「反復」の内的連関であるように思われる。人類は今や人びとの「非利己的（uneigennützige）」な「党派性（Parteilichkeit）」（85）を目撃した。あるいはそれを伝え聞いた。言い換えれば理性の「義務（Sollen）」が「可能（Können）」であることを、少なくとも一度は目の当たりにした。その記憶は消えることなく、何度も人びとを新たな「反復」へと鼓舞する。「出来事」は永遠の相において生じ、決して消えることなく、未来において何度も呼び覚まされ、時間の中で広がり続ける。

このように主張し、出来事の偉大さを、当の出来事である公衆自身に伝えるとき、カントは少なくとも二つのことを同時に行っている。一つには、彼は「起こってしまった」かも知れない「国家の自殺」への疑念を、「確かに起こったこと」の「記憶」によって打ち消す視座を提示している。第二に、そしてより重要なこととして、彼はこの「出来事」が、見間違いようがないほどハッキリと人々の「魂」のうちで起こったのだと示している。これは「孤独」な哲学者のナルシシズムや慰藉といった類のものではなく、彼がともに生きる人々に寄せる絶大な信頼の表明である。「あなたたちは、国家の、したがって平和的共生を不可能にしてしまう怪物などでは断じてなく、ともに歩んでいける人間だ」という呼びかけであると同時に、「そうは思いませんか」という、確信に満ちた、人間への問いかけである。
君主処刑についてのカントの議論を分析し、彼はショックのあまり、いわば透明な眺めのよい部屋に留まろうとするかのように、「観察者」の位置から一歩も動かなかった、動けなくなったとする解釈潮流がある。(6) しかしそうした理解は、「書く」こと、およびカントが「書いた」という事実の意味を見落としている。例えば、本節における議論の文脈において現れる次のような言葉は、硬直した観察者のものではない。彼は「自然」が人間をどのように扱うかは、自然にとって人間など塵芥のごときものに過ぎないがゆえに、本当のところわからないと述べた後で、次のように言う。

しかし、［人間］を、同類である支配者たちが［瑣末なものと］みなし、動物のように、またみずからの意図のための単なる道具として苛み、またみずからの係争事において、殺し合いのために互いに対して動員することで、瑣末なものとして扱うこと。これは断じて些細なことではない。そうではなく、創造の究極目的の転倒である。(89)

カントはここで、なおも「転倒」というあの影を見据え、その悲惨さを言葉にして同時代、さらには未来の人間たちに伝えようとしている。それは「理論と実践」、「哲学者と政治家」といった硬直的な二項対立図式では捉えきれない、考えること、そして何より「思考を伝達」することの実践的意味を見据える人間の行為である。それは権力者に対する「人間であれ」という呼びかけでもあると言えよう。

ここで再び、あの「甘い夢」に目を向けよう。理想の国家がどれほど時間がかかろうとも、いつか完成すると願うのは、「甘い夢」である（92 Anm.)。「しかし」と彼は続ける。「つねにそこへと接近していくことは、思考可能であるのみならず、道徳法則と両立可能な限りにおいて、国家市民ではなく、国家元首の義務である」(ebd.)、と。同じ脚注のなかで、カントが「理性の諸要求に合致するような国家体制を考え出すのは、甘美なこと」だが、それを提言するのは思い上がりであり、人々をその実現のために扇動することは「刑罰に値する」と述べていたことを想起するならば、この脚注全体の意味が霞んでしまうように思われるかも知れない。しかし、この脚注が「共和国」の理念への賛意を表明した人々に対するカントの賛意が示された後、そして前段落の引用（「創造の究極目的の転倒」）のさらに後に来ることを考え合わせてみよう。彼は人間の「魂」を賛美し、彼の著作を読むかも知れない君主にも「人間であれ」と誘いかけていた。カントによって賞賛されたと感じ、カントの言葉をさらに聞こうと脚注にまで視線を向ける読者にとって、カントのメッセージは明白であろう。「人間として、それがどれほど遠かろうと、共和国がいつか完成する日を夢見て、ともに考え、互いに対する思考の伝達を止めてはならない。そして声を玉座に届けよう。しかし、急ぎすぎてはならない」というメッセージである。カントは、脚注に先立ち、勇敢な公衆の出現という「出来事」は、共和国へ向けてともに歩んでいけるという「希望」を与えただけでなく、進歩「それ自体」であるとハッキリ告げていた（85)。

他方で、当該脚注において、話しかけられ、議論されている元首自身は、どうであろうか。この点について考えるため、『学部の闘争』第二巻における別の脚注に注目しよう。そこでカントは、ある疑問を投げかける。「これまでいかなる支配者も、敢えて自由に言い放ちはしなかったのはなぜか。国民には、自分に抵抗するいかなる権利も認めない、国民はその幸福を政府の善意のみ」に負っているのだ、と（86 Anm.）。カントは即座に答える。

その理由は、そのような公的宣言は、すべての臣民を彼に対していきり立たせる（empören）だろうからである。たとえ彼らが、従順な羊のように、善良で賢明な主人に導かれ、十分に餌を与えられ、力強く守られ、彼らの快適な暮らしに関わることに関しては一切不平を抱いていないとしても、である。（ebd.）

いかなる支配者も、普段は満ち足りた大人しい「動物」たちをいきり立たせるほど向こう見ずではあるまい、というわけである。カントはここで止まることなく筆を走らせる。「というのは、自由を賦与された存在にとって」、他者（政府）によって与えられる「生の快適さを味わうだけでは足りない」、自由な存在＝人間にとっては、彼らがみずから選び、それに即して生の快適さを得る「原理」こそが重要なのである、とカントは言う。つまり、自由な存在にとって、「法の普遍性」を持ちうる原理の選択への関心が、個々の快楽の享受への顧慮に先立つのである（87）。

だから自由を賦与された存在は、理性を持たない動物に対するこうした優越の意識のもとで、その選択意思の形式的原理に即して、国民のために、そこにおいて国民がともに立法的であるような政府以外の政府を求めるものではないし、求めるべきでもない。(87)

こうした一連の主張のうちで反響しているのは、カントが紛れもなく「人間」のものであると確信している存在の声である。「人間」はここで、自分を決して他の「動物」のように扱ってはならないと繰り返し告げている。カントの目から見れば、それは許されないばかりでなく、支配者の権力はおろか、その身をも危険にさらすものであることは、君主の斬首を目の当たりにしたばかりの読者であれば、想像に難くないはずである。ここでのカントは、「ポリス」の外部で、人間は「野獣」にもなりうるという、アリストテレスが見据え、初期近代においてホッブズらが再び鮮やかに描き出したイメージ(7)を継承し、支配者に対する「助言」の形で提示している。そして「人間」カントのうちに潜む「野獣」が一瞬、顔を覗かせている。その姿はやはり、硬直した観察者からは程遠い。カントの著作の隅の隅にまで入り込もうとする為政者であれば、このことの意味がわからないはずはあるまい。

結びにかえて

本章では、共和国実現という「夢」に触れ、カントの人類に対する疑念を確認した後、彼が人類のうちに見た「希望」という順で、彼の言葉を追ってきた。これらのわずかな観点に限定しても、彼の視線の先がどれほど見えたのかは定かではないことをことわったうえで、本章を結ぶ言葉を探さねばならない。

「共和国」実現への道のりは長い。それどころかカントは、ある箇所では「幸福」を約束する「建物（Gebäude）」に暮らすことができるのは、人類最後の世代のみであるとも述べている（*Idee* VIII. 20）。彼がそれに先立ち、人々は「自然の意図（Naturabsicht）」にしたがい、その促進に励んでいる（arbeiten）が、そのことを知ったところで、それは「彼らにとって大した意味をもたないだろう（ihnen doch wenig gelegen sein würde）と言っている（17）ことと合わせて考えるならば、挑発的にも聞こえる言葉である。

一七九八年のカントの喜びは、これらの言葉と照らし合わせるとき、その力強さを増す。前節最後に確認した、支配者に対する彼の言葉のうちに漂う警戒心もまた然り。本章において我々がその魂の振幅に迫ろうとしたカントという人物は、一方で人間が政治体制、とりわけ支配者による市民の扱い方次第で人間以外の何か、怪物や野獣になってしまう危険を、他方では自分自身の「勇気」によって人類の永遠の進歩という希望を確かなものとする瞬間を視野に収めていた。『学部の闘争』第二巻を結ぶ言葉は、「より良きもの（das Bessere）」、つまり進歩の先は「もう見えている（steht jetzt schon im Prospekt）」というものである（*Streit* VII, 94）。冒頭に触れたような現代の政治状況を彼が眺めたならば、彼はこの言葉を書き換えるだろうか。カントが見たと信じた未来の景色を黒く塗りつぶすことは容易い。例えば「思考伝達の自由」の放棄によって、あるいは同じことかも知れないが、「恐怖」のみに駆られることによって。それはカントが見た「『より良きもの』など見えない」と示すことであろう。逆に、彼が見たかも知れない、希望に満ちた景色は、「深淵」の際に立たされようと、近くの他者、見知らぬ他者に、「あなたにもこの景色は見えますか」という問いを発するたびごとに、見え始めるはずである。[(8)]

〈参考文献〉

Comey, R. 2008: Mourning Sickness: Hegel and the French Revolution. Stanford.
Hegel, G. W. F. 1986: Vorlesungen über die Philosophie der Geschichte. In: Werke, E. Moldenhauer (Red.). Frankfurt/M., Bd. 12
Höffe, O. 2011: Einführung. In Ders. (Hrsg.), Immanuel Kant. Schriften zu Geschichtsphilosophie. Berlin, 1-29.
Oki, M. 2016: Kants Stimme. Eine Untersuchung des Politischen bei Immanuel Kant. Berlin (in Vorbereitung).
Šumič-Riha, J. 1994: Über die Inexistenz von Kants politischer Philosophie. In: Mladen Dolar, Alenka Zupančič,

Zdravko Kobe, Jelica Šumič-Riha (Hrsg.), Kant und das Unbewusste. Wien, 85-103.

【注】

（1）Hegel 1986, 17.

（2）カントの著作からの引用は、アカデミー版カント全集に基づき、巻数をローマ数字、頁数をアラビア数字で表記する。

（3）ここで詳しく論じることはできないが、カントは『実用的見地における人間学』の冒頭で、このことを示唆している。彼は「思考する存在としての私は、私の現存在の外部に、さらに他者の、私とともに共同体のうちにいる諸存在の（世界と呼ばれる）全体を想定すべき原因を持つか否か」という問いは、「形而上学的」なものであると言っている（*Anthr.* VII 130）。

（4）本節で扱う議論を、カントの政治哲学のより広いコンテクストとの関連により論じたものとしては、Oki 2016 第三章を参照されたい。

（5）この点については、Höffe 2011 を参照されたい。

（6）Comey 2008 を参照。また類似の視点として、Šumič-Riha 1994 を参照。

（7）Oki 2016 の序論を参照されたい。

（8）本稿は、平成二十八年度文部科学省科学研究費補助金（特別研究員奨励費）による成果の一部である。

第七章　カントと「改革」の問題

御子柴　善　之

はじめに

カント哲学は、「理念（Idee）」をめぐる思考に根ざした哲学である。すなわち、有限な理性的存在としての人間の思考がどのように理念を導出し、その理念を手がかりとして人間がどのように学問的探求を継続するか、あるいはどのように個人的・社会的な振舞いをすべきかを考える哲学である。このとき、理念は原理的にその実現が不可能であるという性格を帯びている。したがって、どれほど学問的探求が進展しても、それが人間の知識のすべてではないし、どれほど道徳的に振舞っても、完璧に善い人間になれるわけではない。このようなカント哲学の性格を終局的に表現した箇所を、カント晩年の著作『人倫の形而上学』から引用しよう。

何かおそらくは存在しないようなもの（das Ding）が存在するかのように、私たちは行為しなくてはならない。そのものの基礎づけと、そのもののために私たちにとって最も有用と思われる体制（おそらくそれはすべての国家あげての共和制だろう）とを目がけなければならない。永遠平和をもたらすために、そして、これまでのすべての国家によって例外なくその国内で準備されてきた、救いのない戦争遂行に終止符を打つために（VI 354）(1)。

これはカントの原文を表層的に直訳したものである。ここで「もの（Ding）」という言葉は「ナンセンス（Unding）」との対照において用いられていて、それが「永遠平和（ewiger Friede）」を指すことは文脈上明らかである。カントは私たちに、永遠平和はおそらく存在しないが、それが存在するかのように国家組織や国際組織を設立しなくてはならない、と主張しているのである。到達不可能なものを導き手にして、新たな次の一歩を踏み出すべきだという思考法が、たしかにここに見て取れる。

さて、到達し得ないものを目がけた努力が人間に課せられるとき、私たちにできることは何であろうか。それは「改革」あるいは「改善」といわれる振舞いであろう。理念に根ざしたカント哲学はこの改革をどのように論じているだろうか。カントの改革をめぐる思考を追跡することで、カント哲学における「道徳、法、政治の関係(2)」を明らかにすることが本論文の目的である。そこで、まず、カントが「改革」を、それと対をなす概念である「革命」とともに論じている、『たんなる理性の限界内の宗教』（以下、『宗教論』）第一編を検討する。この箇所は根元悪と心術の革命を論じることで、道徳法則を提示する箇所とともにカントの道徳的思考の一つの極をなしている。他方、彼は周知のとおり法・政治に関して革命を認めない。そこで次に、革命との連関を欠く政治的改革をカントがどのように考えていたかを明らかにする。そのうえでさらに、適法性と道徳性というカント実践哲学における重要な対概念を踏まえて、政治がどのような性格をもつかを論じたうえで、最後に、政治と信頼との関係を明らかにする。そこでは、信頼こそが法論と政治とを架橋するものであることが明らかになるだろう。

『宗教論』第一編における「革命」と「改革」

人間は傾斜地（Hang）に立っている。なりゆきに任せれば下方に向かい、努力なくして上方には向かえない。この傾斜は人間の行為の動機に関わるものであり、「自愛の動機とその傾向性を道徳法則遵守の条件に」させる（VI 36）。すなわち、自然法則的秩序とは次元を異にする「自由の法則」（IV 387）である道徳法則を遵守するにあたり、その行為のインセンティヴが自愛であったり、自愛に基づく習慣的欲望であったりすることで、行為を再び自然法則の支配下に置きいれてしまう傾きが人間には見られる。人間は、自然法則的秩序とは異なる立法秩序を自律の名のもとに現出させる能力に基づいて、自然に対する「特権（Prärogativ）」をもち「尊厳（Würde）」をもつにもかかわらず（IV 438）、そうした自由に基づいて自由を放棄し自然に服従してしまいがちなのである。このような性癖

（Hang）は、カントの所説にしたがうなら、道徳法則の方が自愛を満足させることの条件であるべきにもかかわらず、それを逆転させるものとして「こころの転倒」（Ⅵ 37）と呼ばれる。これは道徳的善に背反するものとして、悪への性癖である。これはまた、個人が自身の一切の行為原則（格率）を採用する「根拠を腐敗させる」[3]（ebenda）がゆえに「根元的」に悪である。以上が、『宗教論』第一編においてカントが「人間は根元的に悪である」（Ⅵ 32）というテーゼによって示唆する事態、すなわち根元悪である。

さて、根元悪がそれとして意識される場合、私たちはすでに道徳法則のもとにいる。さもなければ、悪の意識も成立しないからである。したがって、根元悪の意識は、同時に定言命法の意識でもなければならない。この二つの意識すなわち悪の意識と善の意識とが全体として、「私たちはより善い人間になるべきである」（Ⅵ 45）という、道徳的改善を指示する当為意識をもたらすとカントは指摘する。彼がこのように主張するのは、彼が、根元悪は人間本性に由来するがゆえに根絶不可能であるが、自由に由来するものとして打ち克つことは可能なはずだと考えているからである（Ⅵ 37）。もっとも、この道徳的改善は、根元悪の根絶不可能性ゆえに、何らかのかたちで永続的なものとして構想されねばならない。

この道徳的改善のために私たちはまず、「道徳法則の純粋性を私たちのあらゆる格率の最上根拠として確立することで」（Ⅵ46）、「私たちの内なる善への根源的素質」[4]を回復しなくてはならない（Ⅵ 26ff., 46）。これは、「こころの転倒」を逆転させ、本来の道徳的秩序を回復すること、すなわち、道徳法則を、自愛の満足に対する条件の位置へと戻すことである。カントはこれを「人間の心術における革命（Revolution）」（Ⅵ47）と表現する。この革命によって、人間は、ひとたび「何かを義務と認識するなら、もはやその義務の表象以外のいかなる動機も必要としない」（ebenda）ものとなる。カントはここに人間の道徳的再生をみて、こうした人間を「新たな人間」（ebenda）とも表現する。しかし、こうした事態は人間を知性的に見ている限りで語れるにすぎない。人間はこの革命によって可想的性格において有徳になり、「本体的徳（virtus noumenon）」（ebenda）を手に入れるとカントは言うが、経験的世界に視点を移せば、人間はあいかわらず傾斜地のうえに立っているのである。

傾斜地に生きる人間の問題状況をカントは次のように表現する。「格率と行い（That）とのあいだにはなお大きな間隙がある。」（Ⅵ46）すなわち、人間は、道徳法則の純粋性をみずからの行為原則に採用したとしても、それが当人の行いを完全に導くような存在（神聖な存在）ではないのである。(5) この埋まることのない「間隙」こそが人間に改善を必要とさせるものであるが、それが埋まることがないがゆえに、人間は、神聖さに向かって「無限に前進することで接近する」ような「途上にある」（Ⅵ46f.）ことになる。ここに心術の革命と並び立つものとしての改善がある。それは、人間の道徳法則のもとにおける態度の「漸進的な改革（Reform）」（Ⅵ47）であり、「（法則遵守における）長い習慣」によって「法則に適った行為をしようという持続的な格率」（ebenda）を手に入れることである。これは、例えば、道徳法則に適って行為している人間の実例(6)（Beispiel）に即して、自分の格率の不純さを判定することで、善くあろうとする態度を次第に自分の行為原理（格率）に採用することである。

この改革によって人間は「現象的徳（virtus phaenomenon）」（ebenda）を手に入れる。この態度の改革は、この名称が示唆しているように経験的に認識可能な行為に関わるものであり、『実践理性批判』における明晰な区分（V 71f.）にしたがうなら、行為の適法性（Legalität）に関わるものである。ここで重要なのは、道徳的改革の対象となる行為そのものは、適法性に関わるものとして（すなわち、道徳性に関わらないものとして）、「幸福という称賛される原理」（VI 47）にしたがうということである。人間の行為が実質的には自分の幸福を希求するものであることをカントは否定しない。そこで、道徳的態度の改革においては、人間が、形式的道徳法則の要求する普遍性に適って行為する習慣を手に入れることが求められるのである。

　このような革命と改革について、カントはその順序を明確に規定する。「人間の道徳的陶冶は、道徳（Sitte）の改善から開始されてはならず、思考法の変革と性格の確立から開始されねばならない」（VI 48）、と。すなわち、本体的徳を実現する革命が、現象的徳をもたらす改革に先行しなければならない。心術の革命なき道徳の改革は道徳性を欠くからである。しかし、この明らかな順序に疑念を抱く研究者も見られる。例えば、クリストフ・ホルンは「革命は、最後に位置するものでなくてはならず、最初を構成するものであってはならない[7]」と主張する。革命をもって決定的なことが成し遂げられてしまった後では、もはや誰かが悪しき動機を見出すことなど理解不可能だと考えるからである[8]。彼によれば、根本的な変革の後では、個々人が自身の態度を漸進的に改善することなど、ことがらに即して考えれば、可能でも必要でもないことになるだろう[9]。

ホルンのこの主張は、カントに即して革命の先行を掲げた、マクシミリアン・フォルシュナーの解釈に対抗するものとして書かれている。フォルシュナーはこのホルンの主張を受けて、「本体的徳としての徳への道は、実際のところ、心術における持続的な革命を必要とする。（中略）しかし同様にまた経験的性格の改革、徳（現象的徳）の漸進的獲得もまた必要とする」[10]とさらに主張を展開する。ここでは、改革の漸進性に加えて、「革命」にもまた持続性が求められたことが特徴的であり、ホルンの革命の位置づけと矛盾しない解釈が提示されている。しかし、ホルンの解釈はもとより、フォルシュナーの新解釈もまた、カントの所説に即しているとは言い難い。両者は、カントが「格率と行い」のあいだに間隙が存することを指摘したことを軽視しているのではないだろうか。この間隙こそが、心術における革命の後にも行為における改革が必要であることを表示している。さらに、カントの所説をカント自身に即して正当化するには、行為の具体的状況に目を向けるだけでよい。私たちが何かの行為する際、私たちはしばしば多くの人間によって取り巻かれている。そして、その他人たちが自分と同様の心術の革命を遂行した者であるかどうかを経験的に確認する術を私たちはもたない。ことがらは他人の自由に掛かっているからである。そうした他人の中には、自分を例外化し、道徳法則から逸脱しつつ自己幸福を追求する者も含まれるだろう。こうした具体的状況が善く生きようとする人間に挫折をもたらしかねないという事態こそ、カントが『宗教論』第三編で指摘したものだった（VI94）。

ともあれ私たちは、カントにおける「改革」が、幸福原理にしたがった経験的態度の漸進的改善であることを確認した。その点で、改革そのものは道徳性をもたない。改革が道徳性に関わりうるかどうかは、心術の革命に掛かっている。心術の革命の先行によってこそ、経験的態度の改善の「善さ」が道徳性と連関しうるのである。

政治における「改革」の概念

カントの実践哲学には、批判、形而上学、規範的人間学からなる三層がある。[11]「政治（Politik）」は、このうち規範的人間学という経験的な層に位置すると言える。なぜなら、カントによれば、政治は「それ自身は困難な技術」（Ⅷ 380）として自分の固有の領域を有するものの、その規範性は「法義務の純粋概念（純粋理性によってア・プリオリに原理が与えられている当為）[12]」（Ⅷ 379）に依存しているからである。すなわち、政治は法義務の形而上学的原理に依存しつつ経験的具体的状況に由来する困難に直面するような実践の領域なのである。カントがこの領域を「実地の法論（eine ausübende Rechtslehre）」（Ⅷ 370）と表現する所以である。

このような政治の性質こそ、ここで論じる「改革」に近しい。政治とは、不断の改革であるともみることができるからである。もとより政治には多様な側面があり、そのすべてをここで論じることはできない。しかし、政治の首尾一貫した役割として、多様な幸福を多様な仕方で実現しようと企図する人間たちに対して、そうした多様性を法的秩序へと調和させることを挙げることはできるだろう。

このとき、カントにとって最重要になるのは、求められている正当な秩序の諸原理が、決して政治的行為の帰結としての幸福に置かれてはならず、むしろ外的自由（他人の恣意によって支配されないという消極的自由）に求められねばならない、という点である。そもそも法的秩序はこの外的自由を保障するためのものだからである。政治家がその政治・政策の帰結として国民の幸福がもたらされることを直接的に目指すなら、そうした政治・政策は容易に「策略（Praktiken）」（Ⅷ 373）へと堕落してしまうとカントは警告している。このとき策略とは、政策目標を実現するための、道徳とは無関係な戦略的手法のことである。

さて、ここで問題になるのは、政治そのものが道徳（Moral）と何らかの関係をもっているか、もっているとしたらそれはどのような関係であるか、である。カント自身が『永遠平和のために』でこの問いを立てている（Ⅷ 370ff.）。この箇所を検討したモニク・カスティーヨは、カントの所説がクリスティアン・ガルヴェの主張に対する反論として提示されていることを指摘しつつ、カントが政治と道徳とのあいだにどのような関係を認めたかを明らかにしている。このときまず、「道徳がその最も広い意味で考えられている」[13]ことが重要である。最広義の道徳とは、「それにしたがって私たちが行為すべき、無条件的に命じられた諸法則の総体」（Ⅷ 370）であり、法と倫理（Ethik）とを包括するものである。[14]カントの体系構成では、徳義務（倫理）のみならず法義務もまた道徳に属している。なぜなら、権利（法義務によって保障されるもの）の核心概念としての「私たち自身の自由」もまた「道徳的命法によってのみ」知られるからである（Ⅵ 239）。各人の行為原理（格率）の普遍妥当性を問う道徳的定言命法を介して、各人の平等な自由が各人の権利（生得的な人権）として知られるのである。法の概念がこのような道徳法則のもとで展開されるのであれば、法の教説を遂行する政治も、（広義の）道徳のなかにみずからの位置を見出さねばならない。

法論を道徳法則のもとで実地に遂行しようとする政治家を、カントは「道徳的政治家」（Ⅷ 372）と呼ぶ。そうした政治家は、道徳が理論ではなく、それ自身、実践であることを理解しており[15]、みずからの政治的実践を、幸福という実質的な目的からではなく、自由という、道徳的定言命法に根ざした形式的原理から導出する。彼・彼女らの実践が目指している目的の一つは、「法の法則からみて最もよい体制」（Ⅷ 372）に向けた制度改革である。制度を改革しようとするのであるから、こうした政治家が既存の政治体制を改善不可能・改善不要なものとして前提することはない[16]。しかし、こうした改革に際してこそ、法の純粋概念が政治の「制限的な条件」（ebenda）でなくてはならない、とカントは主張する。求められているのは「法の法則からみて」最もよい体制だからである。次の有名な文言は、この文脈において記されている。「したがって真の政治は、前もって道徳に忠誠を誓っていたのでなければ、一歩も前進できない」（Ⅷ 380）。

ここで道徳は最広義で解されていることを踏まえるなら、私たちは道徳的政治家の道徳性を不問に付さねばならない。後述のように、法義務の領域においては、法の法則が行為の動機であるかどうかを考える必要がない、それどころかそれを問うてはならないからである（Ⅵ 232）。もっとも、カント自身の次の記述には、政治の領域で人間（権力者）の内面への言及が見られる。ここであらかじめ解釈を施しておくことが必要だろう。

もっとも、この目的（法の法則からみて最もよい体制）へと恒常的に接近し続けるためには、少なくとも上記のような変革が必然であると考える格率が、権力者の内面に（innigst）備わっていること、それをひとは権力者に要求できる。（Ⅷ 372）

たしかに、ここには権力者の内面に対する要求が記されている。しかし、ここで問題なのは、権力者あるいは政治家の動機を問うたうえでの道徳性ではなく、権力者によって企図された改革という外的行為が、すなわち、既存のシステムに必要な改善を加えることが、「法義務の純粋概念」によって統制されているべきだということにすぎない(17)。上述のように、『宗教論』における「改革」の善さは、それに先行する心術の革命に依存していた。しかし、カントが政治の領域で革命を認めないことは周知のとおりである。では、政治の領域における改革・改善の善さは何に由来しているのだろうか。帰結として各人の求める幸福の善さではあり得ない。これまで論じてきたことから、それは、各人固有の幸福を意図する人々の外的自由を、法義務の純粋概念の枠内で一つの法的秩序にもたらすという理念、それ以外の何ものでもない。この営みには、可変的な状況のなかでそれを適切に執行する技術(18)が必要であり、その技術に熟達しているのが道徳的政治家なのである。

適法性と道徳性との区別を再考する

前節で、政治が道徳性とは無関係な領域を形成することが明らかになった。では、政治が適法性のみに関わるとしたら、その際の適法性の意味は何か。こうした問題を考えることで、カント実践哲学内部における政治の固有性を明らかにしたい[19]。

まず、カントが、『人倫の形而上学の基礎づけ』第一章において提示した「義務に適って」と「義務に基づいて」との区別に基づいて（IV 397f.）、明瞭に適法性と道徳性を対比している箇所を、『実践理性批判』分析論第三章から引用する。

したがって、義務の概念は、行為においては法則との客観的一致を要求するが、行為の格率においては法則への主観的尊敬が法則による意志の唯一の規定仕方であることを要求する。またこのことに基づいて、義務に適って（pflichtmäßig）行為したことと義務に基づいて（aus Pflicht）、すなわち法則への尊敬に基づいて行為したこととの区別が成立する。前者（適法性）は、傾向性がもっぱら意志の規定根拠だったとしても可能だが、後者（道徳性）、道徳的価値はひとえに、行為が義務に基づいて、すなわち、もっぱら法則のために行われるところに置かれねばならない。（V 81）

人間は、傾向性に基づいても、外形的に適法な行為をすることがありうるが、そうした行為には道徳的価値がない。道徳性という道徳的価値は、当該の行為が、まさにそれが義務であるがゆえに（普遍性を尊重するがゆえに）行われた場合にのみ生まれる。これは、カント倫理学の基本思想が表現されている引用文だが、同時に、二つの誤解を惹起する可能性をも含んでいる。第一に、道徳性を問題にするときにだけ行為の「格率（Maxime）」が問われるのであり、適法性においてはそれが問われない、とする誤解である。しかし、脱税と納税漏れのように、外形的な行為（およびその社会的結果）が同じであっても、その格率を問うことで行為が弁別される場合がある。すなわち、適法性は格率にも関わる。第二に、適法性がもっぱら（定言命法に対置される）仮言命法の水準に位置する、という誤解である。もちろん、適法的な行為が仮言命法に基づいて行われることもあるだろうが、同じ行為が法則への尊敬に基づいて行われることもある。例えば、ひとが、納税義務の普遍性への尊敬に基づいて、税金を納入するような場合である。[20]

適法性と道徳性というカント実践哲学の中心に位置する概念対がもつ、このような不分明さの理由として、オトフリート・ヘッフェは、『人倫の形而上学の基礎づけ』ならびに『実践理性批判』におけるカントの「道徳」に対するアプローチが個人的側面に限定されていることを指摘している。[21] ヘッフェは、ひとはまず、当人を取り巻く人間学的諸事情や多様な状況を鑑みることで義務との一致を実現すべきであり、しかる後に、道徳性をもった道徳固有の次元に到達できるのだと主張する。実際、道徳性の側から見れば不十分なものに見えてしまう適法性も（vgl. V 72, 152）、適法性そのものの側から見れば、それを実現するのに多様な努力が必要なことは明らかである。そこでヘッフェはこう記している。「カントにとって適法性は道徳性に対する対立物ではなく、道徳性の必要条件である」[22]。カントは後年、『人倫の形而上学』の緒論において、適法性や道徳性の意味をより明確にする。そこでは、もはや「格率」概念は用いられず、法論と徳論との立法に根ざした差異を明らかにするために、「動機（Triebfeder）」概念[23]が用いられる。

行為の動機を顧慮することのない、行為と法則との単なる一致や不一致は、適法性（法則に適っていること）と呼ばれる。他方、そうした一致は、法則に基づく義務の理念が同時に行為の動機である場合、行為の道徳性（人倫性）と呼ばれる。（VI 219）

『実践理性批判』と『人倫の形而上学』とのあいだでカントの主張が変化したわけではない。しかしここでの表現は、かつてのものとは異なり、道徳性と適法性とに価値的な優劣を予想させるものではない。適法性は外的な行為の質を表示する概念であり、道徳性は意志の質を表示する概念なのである。もはや適法性は道徳性の対概念ではない。適法性の対概念はむしろ「違法性（Gesetzwidrigkeit）」である[24]。ここで適法性概念は、法理的立法の概念に依拠して固有の意味をもつものとして提示される[25]。すなわち、法理的立法が措定する外的義務を、適法性の名において実現するために、他人が外的に強制することが可能になるのである。以上のことから、私たちはケアスティングの次の主張を肯定できる。「法理的立法は、半分にされた倫理的立法ではない」[26]。ここで「半分にされた」とは、半分の価値しかないということであろう。「実地の法論」としての政治もまたこのような次元に位置づくのであり、それ自身、道徳性と関係をもたなくとも、固有の意味をもつことになる。

本節の最後に、適法性と道徳性とを峻別することの意義をまとめておきたい。特に、政治が外的自由を保障するための制度改革に携わるという観点から、三つの意義、すなわち論理的、認識論的、道徳的な意義を挙げたい。

第一に、人間の法・権利の領域で要求される、行為の質は法理的適法性であると確定することによって、問題設定における（法理的）適法性と道徳性との混同を避けることができる。仮にあるひとの行為が、その違法性のみならずその動機においても他者から問われることがあったとしよう。そうした場合、私たちは適法性と道徳性との相違にしたがって、そのような問題設定そのものが、領域の混同に基づく誤りであることを主張できる。この視点を確保することで、各人は自分の外的自由を他人の恣意的で一方的な支配から守ることが可能になる。

第二に、ひとは（自他の）行為の格率を問うことができる。すなわち、当該の行為がどのような考え方（行為原理）に基づいてなされたか、特に、人権に関わる行為については、その格率が公表性の原理に適っているかどうか、と。これはカントが『永遠平和のために』で指摘していることである。「他人の権利に関係する行為で、その格率が公表性と一致しないものは、すべからく不正である」（Ⅷ

381)。秘匿の効用に依存する考え方は、普遍性を欠くに相違ないからである。しかし、同様の問いを動機に対して立てること、ましてや動機に公表性を求めることはできないはずである。なぜなら、カントが繰り返し指摘するように、何人も自分自身の行為の動機さえ、それを認識できないからである(vgl. IV 447)。もし動機を公表せよという要求が行われたなら、それはもはや暴力であり、決して正当化できない。認識論的に不可能なことを要求しているからである。むしろ、法理的適法性の領域において心術の道徳性に対する要求がなされるなら、そこには人権侵害が惹起される可能性がある。適法性と道徳性の峻別には、こうした問題を予防する意義がある。

第三に、適法性の領域を正当に評価することによって、人間の人権上の平等[27]を明らかにすることが可能になる。法理的適法性の領域において、市民状態にある人々は「共同体の他のすべての成員と同様に強制法に服している」(Ⅷ 291, vgl. IV 314) とカントは指摘するが、このような平等性は、道徳的命令によって知られる人間の生得的権利の平等性に基づく。しかし、ひとが道徳性を見極めようとして、主観的な行為原理をもつ内面的な個人性のみを注視している限り、他人との平等性は見えづらいものにとどまる。

以上のように、適法性と道徳性とを峻別することには十分な意義が認められるが、この峻別を維持すべきだという規範的要求もまた存在する。この規範は法理的なものでも倫理的なものでもありうる。例えば、日本国憲法第十九条が「思想及び良心の自由」を保障するところには前者が見られる。後者については、カントが徳論において、他人に対する徳義務を他人の幸福追求に限定していることを想起すればよいだろう。この観点から、『人倫の形而上学』におけるカントの次の文章の意味が明らかになるだろう。

意図するところが、徳を教えることではなく、何が正当かのみを提示することである場合、ひとはみずから、かの法の法則を行為の動機として示す必要はないし、またそうすべきでもない。（VI 231）

ここで「必要がない」と言われるのは、法理的適法性の領域において動機は問題にならないからであり、「すべきでない」と言われるのは、当該領域で動機を問題にする人は格率と動機とを混同し、適法性と道徳性とを混同しているからである。政治家は制度改革に携わるとき、適法性と道徳性とを峻別すべきだという規範を順守し、構想された制度・体制が道徳性の領域に踏み込むことがないよう留意しなくてはならない。

政治における信頼の意義

「実地の法学」という領域としての政治は、広義の道徳に拘束されるものの、道徳性とは無関係である。しかし、政治を領域としてではなくそれを遂行する人間と人間社会に定位してみるなら、そこにはもう一歩具体的な道徳との関係が見出される。これは「政治倫理」という言葉が人口に膾炙していることからも予想できることである。

道徳的政治家が、多様な幸福を多様な仕方で実現しようと企図する人間たちの外的自由を調和させるために、既存の法的体制を改善しようとする場合、新たに制定される法律が自国の憲法に反することは許されない。同様に、道徳的政治家が憲法そのものを改正しようとする場合、当該の憲法そのものによって規定された手続きの範囲内で、また上述の法義務の純粋概念の枠内で、行動すべきである。実践哲学の経験的第三層に位置づく政治的行動は、このような固有の制限を被っている。これは、政治家が自身の行動に加えられた制限を正しく認識していることを要求する。この観点から、次のようにまとめることができるだろう。政治的活動に関与しようとするすべての人間は誠実（wahrhaftig）であるべきだ、詳しく言えば、政治固有の制限に関する認識の真理（Wahrheit）を尊重すべきである、と。カント自身、法義務の領域に関して執筆した論文「人間愛に基づいて嘘をつく権利と称されるものについて」において、「誠実さの義務は、相手について、この義務と負わねばならない人かそうでない人かを区別させない。それは、あらゆる状況で妥当する無条件の義務である」（Ⅷ 429）と書いている。カントはここで、政治家は、発言する立場である以上、つねに誠実でなければならないと主張しているのだが、その視点を政治活動の制約に関する認識にまで拡大できる。政治家が法的制度の内容的改善に言及するとき、その形式的条件としての制限をも認識しているはずだからである。

さて、自分にも他人にも誠実さを期待する態度を、トマス・ホッブズとともに「信頼（trust, Vertrauen)」と呼ぶことができる。[28] この「信頼」[29]に、政治をもつ市民社会や、そこで活動する政治家が、道徳とのあいだにもつ一つの関係が見出される。すなわち、市民社会は政治家に対する一定の（だが、決して無条件ではない）信頼をもつべきであり、政治家は決してその信頼を毀損すべきでない。間接民主制あるいは代議制[30]は、代表者への（全面的ではないまでも）信頼なくしては成立せず、政治家の不誠実が不信を惹起することによって、機能不全に陥るからである。代議制は、代表者がその代表としての役割を適切に果たすことを期待することによってしか成立しない。もっともひとは、政治家が不誠実に行為する可能性（リスク）を信頼において排除できない。なぜなら、信頼とは、互いに自由意志をもつがゆえに不確実な関係にある人々のあいだで、敢えて行われることだからである。[31] だからこそ、間接民主制において代表者を無条件に信頼することが求められることはないし、求められてもならない。代議士の改選が不可欠な所以である。

このような信頼と政治との関係について述べた文章を、シュヴァンの論文「信頼と政治―グローバル化時代の政治理論。ひとつの基礎づけ」から引用したい。

したがって、信頼とは、民主主義的政治文化のもっている貴重な財（Gut）である。信頼がどのくらい成立しているか、どのくらい保持されているか、その程度にしたがって、改革を阻止するものを克服し、ともに前進することができ、そのうえで新たに、政治のみならずとりわけ経済にとっても―（中略）―焦眉の急である確信を得ることに成功できるのである。[32]

シュヴァンもまた、民主主義的政治において、信頼なくして改革・改善なしと主張しているのである。上述のように、『宗教論』では「格率と行い」とのあいだに間隙があることが指摘され、それが不断の改革を要求した。同様に、法論と政治（実地の法論）とのあいだにも間隙がある。それゆえに、実践哲学の経験的第三層において政治が既存の法的制度を改革しなくてはならない。その際、法論と政治とのあいだの間隙を埋めるのが、信頼という道徳に根ざした行為なのである。

本節に記した内容は、『論語』巻第六、顔淵第十二にある、有名な「民無信不立」（民は信なくんば立たず）[33]に連なるものである。そこでは、子貢に政治の要諦を問われた孔子が、十分な食糧、十分な軍備、そして民に信頼をもたせることだと答え、さらにこの三つのうちで信頼が最重要であると述べている。信頼なくして人民の生活は安定しない、というのがその理由である。拙論におけるこれまで主張を踏まえるなら、『論語』の文言を、信頼なくして民主主義的政治は安定しないと読みかえることができるだろう。もとより政治は広義の道徳と無縁ではない。さらに、政治は、狭義の道徳（倫理）と切り離されてなお、信頼という観点からすればそれと無関係ではないのである。

おわりに

本稿では、理念の哲学としてのカント哲学にしたがえば、人間社会は人権の実現を目指して既存の法的制度を不断に「改革」すべきであるという観点から、「改革」の問題を論じてきた。まず、『宗教論』に即し、心術の革命と対置される経験的態度の改革が、それ自体としては適法性に関わるものであり、道徳性と無関係であることを明らかにした。この場合、改革における改善の善さは、心術の革命に依存している。次に、カントが革命を認めない政治的領域における改革は「法の法則からみて最もよい体制」を志向するものであり、この改善の善さは、道徳法則を介して純粋理性によって与えられた当為に依存するものの、それは広義の道徳以上のものを要求せず、道徳性とは関わらないことを明らかにした。さらに、以上の議論を踏まえて、適法性と道徳性との関係を再考し、『人倫の形而上学』の視点からすれば両者に価値的な優劣はなく、両者における次元の差異が注視されねばならないこと、この差異を維持することには規範的根拠があることを主張した。最後に、政治的改革を遂行する政治家も一人の人間であるという観点から、政治と道徳との関係を検討した。政治は狭義の道徳とはいったん無関係だが、広義の道徳とは関係している。この関係は、政治家には誠実さを規範的に要求し、政治を含みもつ人間社会には信頼という態度を（条件つきながら）規範的に要求する。信頼なくして間接民主制は実現しないからである。

以上の論点を、グローバル化した世界における人権政治の観点から捉え直してみたい。カントは、（外的）自由こそが「根源的で、あらゆる人間にその人間性ゆえに帰属する唯一の権利」（VI 237）としたうえで、そうした根源的な人権を保障するために、法の支配する市民状態へ各人が入ることを要求しているように、人権は法的な制度や組織なくして保障できない。この制度や組織を一国家内のものと想定したとき、人々が国境を越えて移動するグローバル化した世界には、かつてセイラ・ベンハビブが指摘した困難が現出する。すなわち、各国が自国の人権制度について決定する主権と、哲学的人権概念が要求する普遍性とが両立しないという問題である。[34]移民も難民も、人間として、何らかの仕方でしかも十全にその人権が保障されねばならない。グローバル化した世界では、制度や組織が対象とする人権保障の範囲はつねに変化する。こうした状況こそ、カントの言う「道徳的政治家」が本領を発揮する場である。道徳的政治家は、既存の法的体制だけを前提するのではなく、その改革を使命とするからである。このとき、道徳的政治家は市民、移民、難民の内面的な道徳性に踏み込まず、道徳性と適法性の次元の相違を踏まえ、適法性の範囲内で誠実に制度改革を構想するのである。また、グローバル化という動向がもたらす状況の不確実性は、法的制度やそれをめぐって行われる政治をも不確実なものにするが、そうした状況でこそ人間社会には（無条件にではないものの）信頼という態度が必要になる。信頼は、確実性のもとで安心することができない状況で、敢えて、す、る、ことだからである。

【注】

（1）カントの著作からの引用はいわゆるアカデミー版を使用し、その引用箇所を巻数（ローマ数字）と頁数（算用数字）で示す。

（2）本稿は主として、二〇一五年九月九日にドイツ連邦共和国のボンで開催された第九回日独倫理学コロキウムで行った研究発表に基づき、それを増補・修正してなったものである。コロキウムの全体テーマは「道徳・法・政治の関係—カントを起点として考える（Verhältnis von Moral, Recht und Politik im Anschluss an Kant）」だった。

（3）ここで「根拠」と呼ばれるものが何であるかは不分明のままである。それは純粋実践理性ではありえない。カント自身が、道徳的に立法する理性が腐敗する可能性を否定しているからである（Ⅵ 35）。敢えて解釈の可能性を提示するとすれば、道徳法則の「存在根拠」（Ⅴ 4Anm.）である自由を示唆しているかもしれない。道徳的自由への背反が自由そのものを見失わせるような事態が問題になっているからである。

（4）周知のようにカントは『宗教論』第一編において、根元悪概念の導入に先立ち、人間本性には、動物性の素質、人間性の素質、人格性の素質という三つの「善への根源的素質」があると指摘する（Ⅵ 26）。ここでは特に、「道徳法則への尊敬を、それだけで十分な選択意志の動機（インセンティヴ）として感じ取る」（Ⅵ 27）性質としての、人格性の素質が示唆されていると考えるべきだろう。

（5）『実践理性批判』には、格率もまた「有限な存在だけに適用されうる」（Ⅴ 79）という指摘がある。この観点からすれば、格率に「道徳法則の純粋性」を採用するという事態もまた、神聖さに遠い人間のあり方を免れていないことになる。

（6）「実例」は、イエス論としての『宗教論』第二編で展開される概念である。これは、理性的なものと感性的なものとを架橋するという点で、図式、範型、象徴という概念に連なる用語である。

（7）Horn, Christoph, Die menschliche Gattungsnatur: Anlagen zum Guten und Hang zum Bösen, in: Höffe, Otfried (hrsg.), *Immanuel Kant. Die Religion innerhalb der Grenzen der bloßen Vernunft*, Akademie Verlag, Berlin 2011, S. 59.

（8）*Ibid.*, S. 60.

（9）*Ibid.*, S. 59f.

（10）Forschner, Maximillian, Über die verschiedenen Bedeutungen des „Hang zum Bösen", in: Höffe, (hrsg.), *ibid.*, S. 89.

（11）この三層の詳細については、次の拙論で論じた。拙論「実践哲学の第三層―カントの『規範的人間学』構想―」、上智大学哲学会『哲学論集』第四〇号、二〇一一年。この話題について、第四回日独倫理学コロキウム（二〇一〇年八月二十七日、ボン）で研究発表を行った。その際、参加者の一人、マンフレート・バウム氏から、第三層には規範そのものを産出する機能がないことを指摘された。重要な論点の明確化として、記して記憶に留めたい。

（12）ここで言及された「法義務の純粋概念」について周到な検討を加えることは、この拙論の範囲を越える。ただし、その内実は、『人倫の形而上学』における次の命題に見て取ることができるだろう。「君の選択意志の自由な使用が、あらゆる人の自由と、普遍的法則にしたがって両立できるような、そのような外的行為をしなさい。」（Ⅵ 231）

（13）Castillo, Monique, Moral und Politik: Mißhelligkeit und Einhelligkeit, in Höffe, Otfried (hrsg.), *Immanuel Kant Zum ewigen Frieden*, Akademie Verlag, Berlin 1995, S. 196.

（14）『人倫の形而上学』においてカントは、道徳を「義務一般の体系」として表示している。この体系には法義務も徳義務も含まれている（Ⅵ 242）。

（15）カント自身は一つの箇所で、「実地の法論」としての政治との対比において、道徳を「理論的な法論」と呼んでいる（Ⅷ 370）。これは、政治を実践のことがらとし、道徳を理論のことがらとしたうえで、実践と理論との一致を論じる文脈においてのことである。より重要なことに、当該箇所の冒頭で、カント自身が「道徳はそれ自身において客観的な意味での実践である」（ebenda）と規定している。

（16）カントは道徳的政治家に対して、「政治的道徳家」の存在を指摘する（Ⅷ 372）。後者は、既存の政治体制の改善可能性に目を向けず、その体制のなかでその体制（とその中で活動する自分）に都合のよい道徳を捏造する人物である。

(17) これは、『永遠平和のために』（一七九五年）からの引用だが、これに十年以上先立つ論文「世界市民的見地における普遍史の理念」（一七八四年）では、権力者（元首）に「善い意志」が求められていたことを考え合わせるなら（Ⅷ 23）、ここに政治と道徳とに関するカントの思索の深化・厳密化を見ることができるだろう。

(18) カントは『判断力批判』の序論において、「実践的なもの」の原理を、自然概念に関わる「技術的・実践的」と自由概念に関わる「道徳的・実践的」とに分けている（V 171f.）。政治を「技術」だと見る以上、実践としての政治は前者に属すと言えるかもしれない。当該箇所で「国家経済」が前者に入れられている。ただし、法論は自由概念に基づくものとして後者に属する。このとき、「実地の法論」としての政治を前者にのみ認めてよいかどうかには検討の余地が残る。

(19) 本節は、二〇一四年九月二十三日に早稲田大学で、「人権への問い―法と道徳―（Die Frage nach den Menschenrechten-Recht und Moral-）」というテーマのもと、開催された第八回日独倫理学コロキウムで行った研究発表に基づいている。

(20) ヘッフェは、「法理的」と「倫理的」、「適法性」と「道徳性」という二つの概念対に基づいて四つの組み合わせが考えられることを指摘している。すなわち、法理的適法性、法理的道徳性、倫理的適法性、倫理的道徳性である。ここに挙げた例は、法理的道徳性に該当する。Höffe, Otfried,《*Königliche Völker*》. *Zu Kants kosmopolitischer Rechts- und Friedenstheorie*, Suhrkamp, Frankfurt am Main 2001, S. 112f.

(21) *Ibid.*, S. 105. ヘッフェは、ここでカントの視野から外れている、道徳のほかの側面は「制度的人倫性すなわち政治的正義」である、と指摘する。

（22）*Ibid.*, S. 111.
（23）『実践理性批判』分析論第三章でカントは、格率・関心・動機という三つの概念が有限な存在に固有であることを指摘しつつ、動機概念に基づいて関心概念が生じ、関心概念に基づいて格率概念が存在することを指摘する（V 79）。小論にとって重要なのは、行為の主観的原理である格率と行為に際しての「こころのバネ」である動機とのあいだに関心が位置することである。格率概念と動機概念とを重ね合わせて理解してはならない。
（24）Kersting, *Wolfgang, Wohlgeordnete Freiheit. Immanuel Kants Rechts- und Staatsphilosophie*, 3., erweiterte und bearbeitete Auflage, Mentis, Paderborn 2007, S. 141.
（25）カントはレフレクシオーン 6764 で「適法性は法理的であるか倫理的であるかのいずれかである」と記している（XIX 154）。ここで、カントは法理的適法性にも固有の意味を見出しているのである。
（26）Kersting, *ibid.*, S. 142.
（27）カントは、生得的な自由の原理のなかに、「生得的な平等」も含まれていると考えている（VI 238）。
（28）ホッブズは『リヴァイアサン』において「信頼（trust）」と「真理（truth）」との関係に言及している。Hobbes, Thomas, *Leviathan*, Penguin Books, 1985, p. 132. この論点を、筆者はゲジーネ・シュヴァンの論文から学んだ。Schwan, Gesine, Vertrauen und Politik. Politische Theorie im Zeitalter der Globalisierung. Eine Grundlegung, in: Gerhardt, Volker (hrsg.), *Kant im Streit der Fakultäten*, Walter de Gruyter, Berlin 2005.
（29）「信頼」について筆者は、第三回日独倫理学コロキウム（二〇〇九年八月二十一日、ボン）において「社会倫理の一原理としての信頼―永遠平和のための第六予備条項からの展望」と題して、また、第七回日独倫理学コロキウム（二〇一三年八月二十一日、ボン）において「グローバル化した世界における信頼と人権」と題して、研究発表を行った。こうした研究における問題意識は、オノラ・オニールの次の発言と関係している。

「私が思うに、人権や民主主義が信頼の基礎なのではない。逆なのだ。信頼が人権や民主主義のための基礎なのである。」O' Neill, Onora, *A Question of Trust*, Cambridge 2002, p. 27. ほかの箇所で彼女は次のようにも書いている。「信頼は欺瞞によって破壊される。欺瞞を破壊することは、信頼を形成する。したがって、欺瞞の破壊こそが権利と民主主義のための基礎である。」*Ibid.*, p. 37.

（30）カントは「代表制ではないあらゆる統治形態は、本来的に形を成していない（Unform）」（Ⅷ 352）と主張し、専制を排した。

（31）オットー・フリードリヒ・ボルノーはこのような事態を Wagnis（敢えてすること）という言葉で表現する。Bollnow, Otto Friedrich, Wesen und Wandel der Tugenden, in: *Otto Friedrich Bollnow Schriften*, Band 2, S. 261ff.

（32）Schwan, *ibid.* S. 266. この論文でシュヴァンは、カントが信頼概念をみずからの政治哲学における「体系的中心カテゴリー」として提示したと主張する。*Ibid.*, S. 264.『永遠平和のために』における第六予備条項を踏まえるなら、その限りでこの主張に首肯することができる。

（33）金谷治訳注『論語』岩波文庫、一九九九年、二三〇頁。

（34）Benhabib, Seyla, *The Rights of Others. Aliens, Residents and Citizens*, Cambridge University Press, 2004, p. 2. ベンハビブはこの著作で「実践的反復」という観点を導入し、人権保障の対象を固定化しない理路を提唱する。*Ibid.*, p. 19, p. 179. ベンハビブの所説について筆者は、第六回日独倫理学コロキウム（二〇一二年八月二四日、ボン）で「カントの『方法の逆説』から人権を考える」と題して行った研究発表の中で論じた。その際、アンドレアス・ニーダーベルガー氏から、ベンハビブの所説もまた主権国家内への「包摂」という枠組みに縛られているのではないか、という正しい指摘をいただいた。この論点を、普遍的人権概念を考えるための手がかりとして記憶したい。

おわりに

本書は、哲学・倫理学に関して日独の研究者が継続している国際共同研究の成果の一部である。この共同研究は、二〇〇七年に日独倫理学コロキウム（Deutsch-japanisches Ethik-Kolloquium）という名称の下に開始され、年一回のコロキウム開催を経て、二〇一六年には第十回を迎えた。特に、二〇一二年度から一五年度は、「グローバル化した世界における哲学的『人権』概念の研究」というテーマで科学研究費補助金（基盤研究（B）：課題番号24320007）の支援を得て開催した。本書に収められた論考は基本的に、この四年間の共同研究を踏まえて執筆されたものである。ここでは、この四年間を含む日独倫理学コロキウムのテーマを振り返ることで、この企画の性格を明らかにしたい。これらのテーマは、寺田、舟場、御子柴の三人が、第二回以降は、後述のルッツ＝バッハマン氏やニーダーベルガー氏を交えて設定してきたものである。

第一回　「グローバル化時代の倫理学」（二〇〇七年十一月二十三日）
第二回　「グローバル化時代の世界市民概念」（二〇〇八年九月九日）
第三回　「グローバル化時代の倫理学的普遍主義」（二〇〇九年八月二十一日）
第四回　「グローバル化時代の倫理的責任」（二〇一〇年八月二十七日）
第五回　「グローバル化時代の倫理学Ⅱ―〈9.11〉から十年が過ぎて」（二〇一一年八月二十六日）

第六回　「グローバル化時代の人権」（二〇一二年八月二十四日）
第七回　「グローバル化時代の人権Ⅱ」（二〇一三年八月二十一日）
第八回　「人権への問い―法と道徳―」（二〇一四年九月二十三日）
第九回　「道徳・法・政治の関係―カントを起点として考える」（二〇一五年九月九日、十一日）
第十回　「グローバルな危機の時代における連帯と人権」（二〇一六年九月七日）

会場は、第七回までは、ドイツ連邦共和国ボンの早稲田大学ヨーロッパセンター（ボン・オフィス）を使用した。第八回は日本にドイツ人研究者を迎えて、早稲田大学戸山キャンパスで開催した。第九回は開催日を二日に拡張しつつ、再びドイツで早稲田大学ヨーロッパセンター（ボン・オフィス）とデュースブルク＝エッセン大学で開催した。第十回は、ドイツのヨハン・ヴォルフガング・ゲーテ大学（フランクフルト）で開催した。

コロキウムにおけるこれまでの研究発表者は、寺田俊郎、舟場保之、御子柴善之、石田京子、隠岐理貴、マティアス・ルッツ＝バッハマン（ドイツ）、マンフレート・バウム（ドイツ）、イニゴ・ボッケン（ベルギー）、アンドレアス・ニーダーベルガー（ドイツ）、ヴォルフガング・クールマン（ドイツ）、ルトガー・ホネフェルダー（ドイツ）、アンセルム・シュピンドラー（ドイツ）、クリスティアン・プレンツィング（ドイツ）である。また、コロキウムを一般公開としたため、ボン会場の近傍在住のドイツ人や日本人、あるいはドイツ留学中の日本人も多く参加した。ボン大学の学生であるマックス・ベングスさん、カタリーナ・ガウヒェルさん、会場近くのモーツァルト通りにお住まいのドリス・フンクさんは繰り返しご参加くださった。特にフンクさんは、自分は哲学のファンに過ぎないと謙遜されながらも、ハーバーマスの所説などについて明晰な説明・主張を展開され、日本人参加者を感激させたものである。

これまで設定してきたテーマに戻ろう。一見して明らかなように、一方でグローバル化という時代認識が貫いている。これは、この共同研究が二十一世紀の世界的動向を視野に入れつつ遂行されてきたことの証左である。他方、世界市民主義や普遍主義への視点も堅持されている。これは、この共同研究が、異文化体験・交流の場としてではなく、普遍的な制度や価値をともに追求する場として維持されてきたことを表している。この二つの動向が重なり合う場が、十八世紀プロイセンの哲学者、イマヌエル・カントの哲学である。カントこそが、普遍性の尊重を倫理学の根幹に据え、世界市民主義の哲学を展開した哲学者だからである。したがって、毎回の研究発表が、しばしばカントの所説を手がかりとして展開されたのも当然のことである。

特に、直近の四回は「人権」を中心テーマとして開催された。その背景にあるのは、例えば、第五回まで繰り返されてきた討議で、人権という人類に普遍的な権利に関して、参加者のあいだに複数の論点が生まれたからである。例えば、人権にとって市民社会的制度は不可欠のものであるか、言い換えれば、社会制度なしに人権を主張することは無効か、という問題である。また、人権を哲学的に根拠づけようとするとき、その根拠を何か道徳的なものに求めるべきか、それとも人間の法的関係に求めるだけで十分なのか。特に、人権を根拠づけるものとして人間の尊厳を挙げることに正当性があるかどうか。さらには、人権を法制度化するだけで、人権を保障できるのか。むしろ、民主主義的手続きに基づいて、その制度をつねに見直す必要があるのではないか。これらの問いは、いずれも本書所収の論文で主題化されている。

このような日独倫理学コロキウムは、偶然の産物として始まった。それは、寺田、舟場、御子柴の三人が偶然にも同じ時期にドイツで在外研究期間を過ごしていたことに由来する。この機会に何か心躍る企画を立てようと三人で話し合ったのだが、最初はささやかな試みを念頭に置いていたに過ぎない。三人とも日本人だがドイツにいてドイツ哲学を研究している以上、ドイツ人の研究者を交えて研究会をしてみようか、その程度の気持ちである。しかし、企画が立ちあがった第一回から、フランクフルト大学教授（二〇〇九年より二〇一五年まで副学長）や国際カント協会元会長が参加してくださることになり、予期した以上の規模で開催することになった。こうして始まったコロキウムは、他にも次々と参加してくださる研究者を得て、気がつけば十周年を迎えるまでになった。

この間、この企画の継続に特別のご尽力をくださった方として、ルッツ＝バッハマン氏（フランクフルト大学）とニーダーベルガー氏（デュースブルク＝エッセン大学）の名を記し、特に感謝の気持ちを表しておきたい。また、毎回のコロキウムを支えてくれた早稲田大学ヨーロッパセンター（ボン・オフィス）のアンネマリー・シュプリングマンさんにも深く感謝したい。

二〇一六年十一月二十八日

寺田俊郎
舟場保之
御子柴善之

中村　信隆（なかむら　のぶたか）
上智大学文学部哲学科研究補助員
「被害者の価値の表現としての応報的刑罰——J・ハンプトンの表現的応報主義の理論を手掛かりとして」『倫理学年報第六四集』2015年
マシュー・リップマン他『子どものための哲学授業：「学びの場」のつくりかた』（共訳）河出書房新社、2015年

舟場　保之（ふなば　やすゆき）
大阪大学大学院文学研究科准教授
『カントと現代哲学』（共編著）晃洋書房、2015年
『人権への権利』（共監訳）大阪大学出版会、2015年

石田　京子（いしだ　きょうこ）
慶應義塾大学文学部助教
『自由の秩序——カントの法および国家の哲学』（共訳）ミネルヴァ書房、2013年
『入門・倫理学の歴史——24人の思想家』（共著）梓出版社、2016年

隠岐　理貴（おき　まさたか）
日本学術振興会特別研究員
Kants Stimme. Eine Untersuchung des Politischen bei Immanuel Kant, Duncker & Humblot, 2016.
The Proper Task of Kantian Politics. The Relationship between Politics and Happiness. In: Anthony Lessor (ed.), *Kant's Doctrine of Right in the Twenty-First Century,* The University of Wales Press (forthcoming).

御子柴　善之（みこしば　よしゆき）
早稲田大学文学学術院教授
『自分で考える勇気』岩波書店、2015年
『人権への権利』（共監訳）大阪大学出版会、2015年

著者・訳者紹介（執筆順）

寺田　俊郎（てらだ　としろう）

上智大学文学部教授

『世界市民の哲学』（共編著）晃洋書房、2012 年

『自由の秩序――カントの法および国家の哲学』（共監訳）ミネルヴァ書房、2013 年

マティアス・ルッツ＝バッハマン（Matthias Lutz-Bachmann）

ヨハン・ヴォルフガング・ゲーテ大学（フランクフルト大学）教授

Grundkurs Philosophie, Band 7 Ethik, Reclam, Stuttgart 2013.

Human Rights, Human Dignity and Cosmopolitan Ideals. Essays on Critical Theory and Human Rights (Hrsg), Ashgate, Surrey/Burlington 2014.

浜野　喬士（はまの　たかし）

早稲田大学文学学術院総合人文科学研究センター招聘研究員

『カント〈判断力批判〉研究：超感性的なもの、認識一般、根拠』作品社、2014 年

「カント『判断力批判』初期受容史」『日本カント研究』17 号、知泉書館、2016 年

アンドレアス・ニーダーベルガー（Andreas Niederberger）

デュースブルク＝エッセン大学教授

Demokratie unter Bedingungen der Weltgesellschaft? Normative Grundlagen legitimer Herrschaft in einer globalen politischen Ordnung, Berlin, New York: De Gruyter 2009.

Republican Democracy. Liberty, Law and Politics (hrsg.), Edinburgh: Edinburgh University Press 2013.

プラトン
『ゴルギアス』 16, 32

ヘップバーン（ヘボン）（編）
『和英語林集成』 14

書名索引

あ行

イグナティエフ
『政治としての人権と偶像としての人権』(『人権の政治学』) 18, 20, 27
ウィートン
『万国公法』 14
内村博信
『討議と人権』 118

か行

加藤弘之
『人権新説』 15, 32
カント
『永遠平和のために』 148, 185, 191, 201, 203
『学部の闘争』 153, 156, 160, 167, 172, 175
『実践理性批判』 33, 122-123, 139, 182, 188-190, 199, 202
『実用的見地における人間学』 176
『純粋理性批判』 29, 34
『人倫の形而上学』(『法論』) 24, 33, 37, 49, 63, 95, 96, 102, 117, 122-124, 134, 137, 146, 156, 157, 177, 190, 193, 197, 200
『人倫の形而上学の基礎づけ』(『基礎づけ』) 21, 22, 33, 36, 49, 96, 122, 188, 189
『世界市民的見地における普遍史の理念』 201
『たんなる理性の限界内の宗教』(『宗教論』) 178-180, 183, 187, 196, 197, 199
「人間愛に基づいて嘘をつく権利と称されるものについて」 194
『判断力批判』 201
「ファイヤーアーベント自然法講義」 134, 148
『プロレゴーメナ』 134, 137, 139, 144, 148
『理論と実践』 33, 136, 137, 139, 144, 146, 156, 157
『論理学』 34
ケアスティング
『自由の秩序』 124

さ行

シュー
『基本的権利』 58
ストウ
『アンクルトムの小屋』 17

な行

西周
『万国公法』 14, 15

は行

ハーバーマス
『事実性と妥当』 107
福澤諭吉
『学問のすすめ』 15, 31
『西洋事情』 15

Tugendhat 115

な行

西周 14, 15, 31
ニーダーベルガー、アンドレアス Andreas Niederberger 116, 120, 203

は行

バウム、マンフレート Manfred Baum 200
ハーバーマス、ユルゲン Jürgen Habermas 52, 88, 95, 105-107, 109-115, 118, 119
ファインバーグ、ジョエル Joel Feinberg 64, 84
フォルシュナー、マクシミリアン Maximilian Forschner 182
ブキャナン、アレン Allen Buchanan 83
福澤諭吉 14-16
プラトン Platon 16, 32, 105, 160
ブルムリク、ミヒャ Micha Brumlik 49
ヘーゲル、ゲオルク・ヴィルヘルム・フリードリヒ Georg Willhelm Friedrich Hegel 152
ヘッフェ、オットフリート Otfried Höffe 95-102, 104, 106, 189, 190, 201
ヘップバーン(ヘボン)、ジェームス·カーティス James Curtis Hepburn 14, 15
ペティット、フィリップ Philip Pettit 90
ヘルデーゲン、マティアス Matthias Herdegen 46, 47
ベンハビブ、セイラ Seyla Benhabib 198, 203
ホイス、テオドール Theodor Heuss 42
ボーグダンディ、アーミン・フォン Armin von Bogdandy 111, 112
ホッブズ、トマス Thomas Hobbes 173, 194, 202
ボルノー、オットー・フリードリヒ Otto Friedrich Bollnow 203
ホルン、クリストフ Christoph Horn 182, 183

ま行

マーティン、ウィリアム William Martin 14
マディソン、ジェームズ James Madison, Jr. 111
ミル、ジョン・スチュアート John Stuart Mill 19, 32
モア、トマス Thomas More 160

ら行

ルイ十六世 Louis XVI 155, 156, 158
ローティ、リチャード Richard Rorty 17, 18, 32
ローマン、ゲオルク Georg Lohmann 93, 115-117
ロールズ、ジョン John Rawls 90

人名索引

あ行

アーペル、カール＝オットー　Karl -Otto Apel　95, 106, 107, 109, 113, 118

アーレント、ハンナ　Hannah Arendt　99, 117

アリストテレス　Aristoteles　173

イグナティエフ、マイケル　Michael Ignatieff　7, 9, 18-20, 26, 27

ウィートン、ヘンリー　Henry Wheaton　13-14

ヴィラシェク、マルクス　Marcus Willaschek　125, 146, 147

ヴィトゲンシュタイン、ルートヴィヒ　Ludwig Wittgenstein　100

ヴェラス、ドゥニ　Denis Vairasse　160

内村博信　118

ウルピアヌス、グナエウス・ドミティウス　Gnaeus Domitius Ulpianus　96, 101

緒方貞子　6

オニール、オノラ　Onora O'Neill　7, 202

か行

カール一世　Karl I　158

カスティーヨ、モニク　Monique Castillo　185

ガットマン、エイミー　Amy Gutmann　20, 26-28, 32, 34

加藤弘之　14-16, 32

カリクレス　Charicles　16

ガルヴェ、クリスティアン　Christian Garve　185

カント、イマヌエル　Immanuel Kant　9, 10, 17, 19, 21-25, 28-30, 32-34, 36-47, 49, 52, 63, 85, 95-97, 101, 102, 120, 121-133, 135, 138, 139, 141-148, 150-194, 196-203, 207

キケロー、マルクス・トゥッリウス　Marcus Tullius Cicero　33, 35

グリフィン・ジェイムズ James Griffin　86

クロムウェル、オリヴァー　Oliver Cromwell　160

ケアスティング、ヴォルフガング　Wolfgang Kersting　124, 125, 130, 146, 191

ケーラー、ヴォルフガング·R　Wolfgang R. Köhler　51, 93-95, 97-99, 103-106, 109, 114, 116, 117

さ行

サッセン、サスキア　Saskia Sassen　83

シュー、ヘンリー　Henry Shue　58, 59, 63, 64, 84, 86

シュヴァン、ゲジーネ　Gesine Schwan　195, 196, 202, 203

シュリンク、ベルンハルト Bernhard Schlink　45-47

ストウ、ハリエット・E・ビーチャー　Harriet E. Beecher Stowe　17

た行

ダーウォル、スティーヴン　Stephen Darwall　25, 28, 34

デニンガー、エアハルト　Erhard Denninger　43, 150

トゥーゲントハット、エルンスト　Ernst

た行

適法性　144, 179, 182, 188-190, 197, 198, 201, 202
手続き主義　114
天賦人権論　14, 15
ドイツ基本法　42
動機　19, 24, 26, 52, 54, 63, 64, 88, 123-126, 128-130, 144, 181, 190-193, 199, 202
統治様式　168
道徳　6, 7, 10, 23, 24, 30, 51, 57, 59, 61-63, 65, 67-70, 73, 74, 86-89, 96-102, 104-106, 109, 116, 117, 119, 121, 122, 131-133, 144, 147, 156, 158-160, 163, 171-184
　―性　159, 179, 182, 186, 188-190, 197, 198, 201
　―的基礎　56, 57, 59, 67-71, 86
　―（的）理論　56, 60, 61, 63, 69, 70, 79, 80, 86, 89

な行

内在的価値　37-39

は行

比較衡量　45, 47, 48
法
　厳密な―　125, 129-131, 133
　―進歩　153
　―の概念の構成　123, 133, 134, 138, 140, 141, 143, 144
　―の普遍的原理　126, 127, 133, 168

ま行

目的（それ）自体　19, 21-23, 25, 29, 94, 96, 97, 99-101, 104

ら行

類推　133-137, 139, 140, 142, 148
歴史的徴　167, 168

事項索引

か行

改革　150, 178, 179, 181-184, 186, 187, 195-198
革命　66, 72, 150, 153, 155-157, 178, 179, 181-183, 187
神の似姿性　35
危害　19, 23, 72-74, 77
規範的原理　36
強制　21, 24, 52, 58, 86, 87, 109, 110, 118, 121-134, 138-148
共和国　151-153, 156, 160, 162, 163, 167, 168, 171, 174
権利
　人権への―　93-95, 97-100, 104, 106, 107
　生得的―　94, 101-103, 117, 137, 143
　道徳的―　51-53, 57, 58, 60, 61, 63-66, 83, 86, 93, 94, 106, 115
　人間の―　158, 159
　法（理）的―　51, 52, 57, 93, 114, 115
行為主体（性）　9, 18-26, 29, 30, 32, 55, 60, 62, 65, 70-72, 76-79, 81
公衆　165-167, 171
国家の自殺　159-160, 162, 163, 165, 167, 169
根拠づけ　51, 52, 70, 93-95, 98-100, 103-105, 109, 114, 116-118, 149
根元悪　180, 199

さ行

作用・反作用同等の法則　133, 134, 136-140, 142, 148
思考
　―（の）伝達　162-165, 170, 171, 175
　―様式　167
自然権　67, 72, 91
支配　15, 71-73, 78, 90, 125, 170, 172-174
自由　14, 18-20, 22-26, 29, 30, 32, 66-69, 73, 78, 79, 84, 85, 87, 96, 97, 99, 102, 117, 120, 122, 126-128, 131-134, 136-143, 145, 150, 151, 154, 157, 162-165, 167, 172, 173, 175, 179, 185, 186, 194, 199-201
修正主義　56, 66, 69, 70, 79
主権　6, 107, 108, 110, 113, 119, 198, 203
人格　19, 22, 25, 96, 97, 100-102, 106, 112, 113, 117, 153, 157
人権　5-15, 17-21, 24, 26-31, 51-63, 65-86, 88-92, 93-95, 98-100, 103-107, 109, 110, 113-118, 143, 149-152, 186, 191, 192, 196-198, 203, 207
信頼　179, 193-198, 202, 203
水平社宣言　11, 12
政治　6, 51-57, 59-61, 64, 66-69, 71, 73, 76, 77, 80, 82-85, 88, 93, 107, 108, 110, 113, 116, 149, 151, 156, 174-176, 178, 179, 184, 191, 193, 195, 197, 198, 200, 201
世界市民　7, 29-31, 110, 113, 119
世界人権宣言　9, 12, 73, 82, 91, 99
尊厳　9, 10, 22-26, 28, 30, 33, 36-41, 46-48, 97, 102, 104
　人間の―　6, 9-12, 17, 19-30, 32, 33, 35-37, 39, 41-49, 71, 74, 91, 99, 207

グローバル化時代の人権のために
——哲学的考察

2017年4月10日　第1版第1刷発行

共　編：御子柴　善　之
　　　　舟　場　保　之
　　　　寺　田　俊　郎

発行者：髙　祖　敏　明
発　行：Sophia University Press
　　　　上　智　大　学　出　版

〒102-8554　東京都千代田区紀尾井町7－1
URL：http://www.sophia.ac.jp/

制作・発売　㈱ぎょうせい

〒136-8575　東京都江東区新木場1-18-11
TEL 03-6892-6666　FAX 03-6892-6925
フリーコール　0120-953-431

〈検印省略〉　URL：https://gyosei.jp

印刷・製本　ぎょうせいデジタル㈱
ISBN978-4-324-10258-9
(5300262-00-000)
［略号：(上智) グローバル人権］
NDC分類 104

Sophia University Press

上智大学は、その基本理念の一つとして、

「本学は、その特色を活かして、キリスト教とその文化を研究する機会を提供する。これと同時に、思想の多様性を認め、各種の思想の学問的研究を奨励する」と謳っている。

大学は、この学問的成果を学術書として発表する「独自の場」を保有することが望まれる。どのような学問的成果を世に発信しうるかは、その大学の学問的水準・評価と深く関わりを持つ。

上智大学は、⑴　高度な水準にある学術書、⑵　キリスト教ヒューマニズムに関連する優れた作品、⑶　啓蒙的問題提起の書、⑷　学問研究への導入となる特色ある教科書等、個人の研究のみならず、共同の研究成果を刊行することによって、文化の創造に寄与し、大学の発展とその歴史に貢献する。

Sophia University Press

One of the fundamental ideals of Sophia University is "to embody the university's special characteristics by offering opportunities to study Christianity and Christian culture. At the same time, recognizing the diversity of thought, the university encourages academic research on a wide variety of world views."

The Sophia University Press was established to provide an independent base for the publication of scholarly research. The publications of our press are a guide to the level of research at Sophia, and one of the factors in the public evaluation of our activities.

Sophia University Press publishes books that (1) meet high academic standards; (2) are related to our university's founding spirit of Christian humanism; (3) are on important issues of interest to a broad general public; and (4) textbooks and introductions to the various academic disciplines. We publish works by individual scholars as well as the results of collaborative research projects that contribute to general cultural development and the advancement of the university.

Human Rights in the Age of Globalization:
Philosophical Reflections

published by
Sophia University Press

production&salesagency : GYOSEI Corporation, Tokyo
ISBN 978-4-324-10258-9
order : https://gyosei.jp